Emilia Pardo Bazán

El saludo de las brujas

Barcelona **2024**
Linkgua-ediciones.com

Créditos

Título original: El saludo de las brujas.

© 2024, Red ediciones S.L.

e-mail: info@linkgua.com

Diseño de cubierta: Michel Mallard.

ISBN tapa dura: 978-84-1126-358-0.
ISBN rústica: 978-84-9953-943-0.
ISBN ebook: 978-84-9007-783-2.

Sumario

Créditos _____ 4

Brevísima presentación _____ 7
    La vida _____ 7

Al que leyere _____ 9

Primera parte_____ 11

I. Los enviados _____ 13

II. El hijo_____ 22

III. Gregorio Yalomitsa_____ 31

IV. Los cuatro elementos _____ 40

V. El jardín_____ 49

VI. Viodal_____ 56

VII. Inmolación_____ 64

VIII. El Hilo _____ 72

IX. Miraya se insinúa _____ 82

X. Tormenta _____ 89

XI. El rayo _____ 95

Segunda parte _____ 101

I. Ercolani _____ 103

II. Instalación _____ 108

III. Oda de Horacio _____ 113

IV. Entre flor y flor... _____ 118

V. Acompañados _____ 123

VI. El pacto _____ 129

VII. Preparativos _____ 135

VIII. Monárquica _____ 140

IX. El aparecido _____ 148

X. Instinto _____ 153

XI. Más recelos _____ 158

XII. Emigra la golondrina_____ 163

XIII. Último paso _____ 168

XIV. Dunsinania _____ 174

Libros a la carta_____ 183

Brevísima presentación

La vida

Emilia Pardo Bazán (1851-1921). España.

Nació el 16 de septiembre en A Coruña. Hija de los condes de Pardo Bazán, título que heredó en 1890. En su adolescencia escribió algunos versos y los publicó en el *Almanaque de Soto Freire*.

En 1868 contrajo matrimonio con José Quiroga, vivió en Madrid y viajó por Francia, Italia, Suiza, Inglaterra y Austria; sus experiencias e impresiones quedaron reflejadas en libros como *Al pie de la torre Eiffel* (1889), *Por Francia y por Alemania* (1889) o *Por la Europa católica* (1905).

En 1876 Emilia editó su primer libro, *Estudio crítico de Feijoo*, y una colección de poemas, *Jaime*, con motivo del nacimiento de su primer hijo. *Pascual López*, su primera novela, se publicó en 1879 y en 1881 apareció *Viaje de novios*, la primera novela naturalista española. Entre 1831 y 1893 editó la revista *Nuevo Teatro Crítico* y en 1896 conoció a Émile Zola, Alphonse Daudet y los hermanos Goncourt. Además tuvo una importante actividad política como consejera de Instrucción Pública y activista feminista.

Desde 1916 hasta su muerte el 12 de mayo de 1921, fue profesora de Literaturas románicas en la Universidad de Madrid.

Al que leyere

Dado que has de leer estas páginas, acaso para ti esté de más la advertencia; para los que no leen, pero malician, no hay advertencia que baste. Con todo eso, quiero declarar en la primera página que esta novela no tiene clave, ni secreto, ni retrata a persona alta ni baja de este mundo, ni se inspira en hechos verdaderos antiguos o contemporáneos. Es inventada de cabo a rabo; se refiere en parte a comarcas imaginarias, y si encerrase alguna enseñanza (no me atrevo a afirmar que la encierre), será porque no hay ficción que no se parezca de cerca o de lejos a la verdad, aunque muna pueda igualarla en interés.

Primera parte

> ¡Salud, Macbeth! Tú serás rey.
> (Shakespeare)

I. Los enviados

La campanilla de la puerta repicó de un modo tan respetuoso y delicado, que parecía un homenaje al dueño de la casa; y el criado, al abrir la mampara de cristal, mostró sorpresa —sorpresa discreta, de servidor inteligente— al oír que preguntaban:

—¿Es buena hora para que Su Alteza se digne recibirnos?

El que formulaba la pregunta era un señor mayor, de noble continente, vestido con exquisita pulcritud, algo a lo joven; el movimiento que hizo al alzar un tanto el reluciente sombrero pronunciando las palabras Su Alteza, descubrió una faz de cutis rosado y fino como el de una señorita, y cercada por hermosa cabellera blanca peinada en trova, terminando el rostro una barba puntiaguda no menos suave y argentina que el cabello. Detrás de esta simpática figura asomaba otra bien diferente: la de un hombre como de treinta años, moreno, rebajuelo, grueso ya, afeitado, de ojos sagaces y ardientes y dentadura brillante, de traje desaliñado, de mal cortada ropa, sin guantes, y mostrando unas uñas reñidas con el cepillo y el pulidor.

El criado, sin responder a la pregunta, se desvió, abriendo paso a los visitantes; y precediéndoles por el recibimiento, alzó un tapiz y les introdujo en una salita, donde ardía buen fuego de leña, al cual se llegó vivamente el mal pergeñado, levantando el ancho pie para calentar la suela de la bota. Una ojeada severa de su respetable compañero, no le impidió continuar exponiendo a la llama los dos pies por turno y a la vez examinar curiosamente el aposento. El capricho y la originalidad de un artista refinado se revelaban en él. Proscritos los mezquinos cachivaches que llaman bibelots, y también los pingos de trapería vieja, que si los apaleasen despedirían nubes de polvo rancio, no se veía en las paredes, cubiertas de seda amarilla ligeramente palmeada de plata, más que dos retratos y un cuadro: cierto que los retratos llevaban la firma de Bonnat, y el cuadro era una soberbia Herodías de Luini, reputada superior a la de Florencia. La chimenea, de bronce, lucía cinceladuras admirables, y hasta las rosetas de plata que sujetaban los pabellones de los muebles estilo Imperio, eran primorosas de forma y de labor. Daba pena ver hincarse en el respaldo de uno de aquellos sillones de corte de nave las garras sospechosas del mal trajeado, y el de la cabellera nívea le miró otra vez, como si dijese: «Vamos, haga usted favor de no manchar la tela...». Solo consiguió provocar un imperceptible movimiento de hombros, entre desdeñoso y humorístico.

Los retratos atraían la atención del desaliñado. Parecíale que uno de ellos representaba a cierto conocidísimo personaje: nada menos que el augusto Felipe Rodulfo I... No vestía, en el retrato, el brillante uniforme de coronel de húsares, ni lucía placas, cordones y bandas, ni ostentaba signo alguno de su elevada condición: burguesa levita negra, abierta sobre blanco chaleco, modelaba el tronco y acusaba su forma peculiar, el pecho arqueado, los caídos hombros, el cuello un poco rígido, la apostura no exenta de altivez que caracterizaba al soberano de Dacia. Sorprendente era el parecido de la cabeza, copiada tal cual debió de ser allá en verdes años: el rostro pálido, de óvalo suave, de facciones casi afeminadas, de boca diminuta, sombreada por un bigotillo rubio ceniza, de ojos de un azul de agua con reflejos grises; y, únicos rasgos enérgicos y viriles, la nariz bien delineada, de anchas ventanas, y en la garganta muy saliente la nuez. Sin embargo, el que contemplaba la pintura, volviéndose hacia el señor mayor, murmuró con extrañeza:

—Duque, este no es el rey.

—¡Por Dios! Si está hablando Su Majestad... Como que así le recuerdo, así, cuando yo era capitán de Guardias...

—Pero ¡por el diablo!, ¿no ve usted que este retrato viste a la última moda? ¿No se fija usted en el peinado, en la corbata? ¿Cree usted que Bonnat retrataba allá por los años cincuenta?

El tono descortés de esta observación tiñó con dos placas purpúreas las mejillas del anciano; disimulando la mortificación, se acercó al retrato, caló en la nariz unos quevedos de roca y oro, se echó algún tanto atrás, y al fin dijo con pueril alegría, rayana en ternura:

—Verdad... ¡Qué tontos somos! ¡Si es el príncipe!...

—No, yo no he sido tonto... —recalcó con impertinencia el mal pergeñado—. Este retrato solo podía ser de Felipe María... La casualidad y la naturaleza nos sirven como si las sobornásemos... Una semejanza tan extraordinaria nos allana la mitad del camino.

—Esta emoción que siento han de sentirla todos los buenos —balbució el duque, que sonreía sin querer, como sucede a las personas que rebosan júbilo.

Su compañero, entre tanto, curioseaba el retrato de mujer, lo miraba analizándolo implacablemente. El pincel realista de Bonnat había reproducido en el lienzo, sin triquiñuelas aduladoras, no solo la decadencia de la que fue en un tiempo rara beldad, sino el estrago que causan los padecimientos al minar una organización robusta. Era uno de esos retratos encargados por la piedad filial, que ve acercarse la muerte y quiere perpetuar una dolorosa imagen. La dama frisaría en los cuarenta y pico, y sin duda para vestirla con un traje que no pasase de moda, el retratista la había envuelto en amplio abrigo de nutria, sobre el cual se destacaba la cabeza pequeña, coronada de rizos todavía muy negros, un peinado que revelaba estudios y artificios de tocador. A pesar del abatimiento físico que se leía en los largos y aterciopelados ojos del retrato, era viva y sensual la roja boca, y mórbidos los hombros de marfil, que descubrían el abrigo caído y el corpiño escotado; la mano, de torneados dedos, jugaba con una rosa, y sobre el pico del escote descansaba rica piocha de esmeraldas y brillantes.

Aquí tiene usted, duque, a una mujer que ha debido pasar las de Caín —indicó el facha con maligna ironía—. Esta era ambiciosa, y desde que las circunstancias tomaron cierto giro, apostaré que soñaba todas las noches que ceñía corona y arrastraba manto real. A esta la mató el consabido expediente de nulidad... Mire usted, mire usted como se nota la ictericia; ¡qué mejillas, qué sienes!, ¡qué arrugas en la frente! Y lo que es guapa, debió de ser guapa ni sus tiempos la bailarina.

Hablaba sin volverse ni mirar atrás, señalando con el dedo al retrato, manoseándolo casi; de pronto surtió una presión como de tenazas en el brazo derecho, y oyó la voz del duque, sofocada por la cólera:

—Cállese usted, Miraya... Esas reflexiones, si se quieren hacer, se hacen luego, dentro del coche... ¿Ha perdido usted la noción del sitio en que estamos? Me parece que siento ruido detrás de la mampara... Su Alteza puede oír, y, ¡aunque no oiga!

Un gesto del imprudente a quien el duque había llamado Miraya, fue la única respuesta a la acertada observación; y dejándose caer en el sofá, cruzando las piernas, guardó silencio, mientras uno de sus juanetudos pies danzaba descubriendo sin recato el grosero material y el plebeyo betún del calzado, la dudosa limpieza de la ropa interior. El duque, suspirando, levantó los ojos al techo, como si la lámpara de plata cincelada, entre cuyas hojas de acanto se escondían los feos tulipanes de la luz eléctrica, le interesase mucho.

Y así transcurrieron algunos minutos, en que solo se escuchó el chisporroteo agradable de los troncos.

De pronto, en medio de aquel silencio, y sin turbarlo, pues ni la mampara al abrirse, ni la persona al entrar, produjeran ningún ruido perceptible, apareció un hombre, ante quien el duque, que había permanecido de pie, se apresuró a inclinarse tan profundamente como si quisiese hincarse de rodillas. La posición que no llegó a adoptar el anciano, la tomó en cambio Miraya, repentinamente sobrecogido, y tanto, que se vio palidecer su tez morena, y la palma de las manos se le empapó de frío trasudor. Pugnaba el duque por besar la diestra del recién venido, sin lograrlo, pues este solo consintió una presión ligera. Corrió a levantar a Miraya, y en voz bien modulada y de gentil compás:

—Hágame el favor de tomar asiento, señores —exclamó señalando al sofá—. Sospechaba que vendrían ustedes pronto... Me lo había anunciado Yalomitsa, única persona de allá a quien veo algunas veces; no puedo olvidar que el pobre fue amigo de mi madre y, la acompañó... hasta sus últimos momentos.

—Señor... —tartamudeó el duque, inquieto del giro que desde las primeras palabras tomaba la plática—; precisamente por eso, porque sabíamos que Gregorio Yalomitsa tenía el honor de ver con frecuencia a Vuestra Alteza...

—¿A mi Alteza? —interrumpió con festivo alarde el joven, pues lo era, como de unos veintiséis a veintiochos años, y en todos igual al retrato que al pronto habían creído del rey—. Hágame el favor, señor duque..., porque supongo que hablo con el duque de Moldau?

—Señor —respondió el duque levantándose solemnemente—, desde los tiempos de Ulrico el Rojo, los duques de Moldau, mis ascendientes, llevaron la espada y el escudo de los príncipes de Dacia en el campo de batalla y en las ceremonias palatinas.

Otra vez hizo demostración de besamanos: pero tampoco se lo consintieron.

—Me es muy grato tener ocasión de conocer a una persona tan digna de respeto, tan consecuente, tan venerable. Sé que es usted un cumplido caballero, no solo por su linaje, sino por las prendas de su carácter, lo cual vale más todavía. Apriéteme la mano, señor duque... Y sírvase no darme tratamiento; se lo suplico.

—Señor, si Vuestra Alteza quiere hacer dichoso a un viejo encanecido al servicio de vuestro padre, y también de vuestro augusto abuelo... no solo me permitirá que le hable como es debido... sino que...

Rápidamente, antes que el joven pudiese impedirlo, los labios del duque se le adhirieron a la diestra, y la besaron con codicia, con ardor, con fiebre entusiasta. Felipe María sintió que se ruborizaba, lo cual le contrarió: era la del ósculo de acatamiento que le daban por primera vez una impresión semi-angustiosa, y al mismo tiempo fuerte, atractiva como la del juego y la del peligro.

—Miraya —prosiguió el duque volviéndose hacia su compañero—, me conmueve tanto ver a Su Alteza, que no acertaré a decirle el objeto de nuestra visita. Por otra parte, a usted le toca desarrollar elocuentemente nuestros mensaje, y espero que se lucirá usted una vez más, en ocasión tan señalada.

—¿El señor Sebasti Miraya? —preguntó Felipe en tono deferente y halagüeño.

No contestó el interpelado, en quien la emoción, si bien nacida de distinto origen que la del duque, no era menos profunda. Por primera vez en su vida se encontraba mano a mano, él, Sebastián Miraya, hijo natural de una lavandera, pilluelo de la calle, oscuro tipógrafo después, literato de ocasión, periodista de combate, con una persona de sangre real, con un príncipe; en la esperanza de Miraya, un rey. ¿Dónde quedaban la frescura, la insolencia de minutos antes? Comprendió que en tal momento, si hablaba, se perdía, y enmudeció, limitándose a sonreír, mientras con vigorosa tensión de amor propio, dominaba aquella turbación humillante.

—He leído en el propio idioma en que se escribieron varios artículos del señor Miraya, y me han parecido maravillas de estilo y de intención. No tienen en París muchos periodistas como usted... ¿Sus ideas de usted son muy avanzadas, muy revolucionarias? ¿No es usted el portavoz de los republicanos representativos?

—¡No señor! —apresurose a exclamar Miraya, cogiendo el hilo, y algo desconcertado aún—. Vuestra Alteza se refiere a mis tiempos de inexperiencia... Eso pasó: soy un convertido. He recibido desengaños crueles del partido en que milité; he comprendido la libertad de un modo menos estrecho, menos formulista, y no cuenta hoy en Dacia la causa de la monarquía servidor más leal. Al señor duque le consta, y mis nuevas y ya firmísimas convicciones son las que me han traído a la presencia de Vuestra Majestad...

Enérgico fruncimiento de cejas e impaciente tos del duque llamó la atención a Miraya.

—Me adelanto un poco a los acontecimientos, duque —advirtió el periodista demostrando haber recobrado toda su presencia de espíritu.

—Les escucho a ustedes —advirtió con dignidad, Felipe María como indicando que deseaba no alargar la entrevista con digresiones. Miraya alzó los ojos, salientes y separados, de orador, y los clavó en Felipe.

—Señor, venimos encargados de un mensaje, y entre los dos representamos las fuerzas vivas y la opinión honrada de nuestro país. El duque de Moldau, el veterano ilustre, el magnate sin miedo ni tacha, personifica el elemento tradicional; yo, lujo del pueblo, las nuevas aspiraciones, las corrientes europeas. Un eminente político, el ex-ministro Stereadi, que desde hace algún tiempo vigila consultando el horizonte, y lo ve preñado de oscuras nubes y de gravísimos problemas, me ha conferido sus poderes: su sueño dorado sería venir en persona... mas la traición vela también: si saliese de Dacia, al volver encontraría cerrada la puerta: ni a escribir se atreve, porque se interceptarían sus cartas. El es grande y visible, yo pequeño y oscuro; mis hábitos vagabundos y cosmopolitas me traen con frecuencia a París; mi venida, aun coincidiendo con la del señor duque de Moldau, a nadie llama la atención en Dacia; porque si he modificado mi orden de ideas, convencido de que mi patria ha menester el régimen tutelar de la monarquía, hasta para plantear con seguridad las nuevas libertades, por ahora no he comunicado al público mis impresiones, y en Vlasta siguen creyéndome republicano representativo: ¡así se engañen siempre los enemigos de Vuestra Alteza! Créenme hostil a la política de Stereadi, jefe del partido liberal monárquico; nadie sospechará que en nombre de Stereadi precisamente me ofrezco en cuerpo y alma a nuestro salvador, al emblema del porvenir, al príncipe Felipe María de Leonato, legítimo heredero del trono de Dacia.

—¡Dios le conserve largos años! —exclamó enfáticamente el duque, irguiéndose y volviendo a sentarse a un suplicante ademán de Felipe.

—Puede usted continuar, señor de Miraya articuló el que llamaban príncipe, inclinando la cabeza como si aprobase.

—Séame lícito expresarme igual que si Vuestra Alteza ignorase completamente el estado actual de los ánimos en Dacia: es fácil que lo conozca mejor que nosotros...

—Se equivoca usted —declaró apaciblemente el joven—. Si se trata de hechos pasados, claro es que he leído la historia del país donde nació mi padre; pero si se refiere usted a cosas contemporáneas... no me he enterado. Leo los periódicos de allá raras veces; no les presto atención. Cuando viene Yalomitsa charlamos de música, evocamos memorias tristes o alegres... De Dacia, ni esto.

—Pues conviene que sepa Vuestra Alteza, ante todo, que el rey está gravemente enfermo: tal vez no le quede un año de vida.

Una conmoción profunda, eléctrica, estremeció a Felipe. La noticia, así, escueta, brutal, había dado en el blanco.

—El público no lo sospechaba —añadió el periodista observando con interés la alteración de Felipe—, pero el médico de cámara, que guarda la consigna del secreto más riguroso, no ha sido tan reservado con el ilustre Stereadi... Aunque la prensa republicana al principio insinuaba veladamente algo, queriendo alarmar, Stereadi tomó medidas para abozalar a los perros ladradores. Nos conviene que la noticia cunda. Se trata de un padecimiento interno, que tiene un desarrollo previsto, una marcha fija, y que en determinado período se burla de los esfuerzos de la ciencia. Así es que el trono de Dacia vacará bien pronto, y si la desgracia nos coge desprevenidos, sin solución preparada, sin candidato nacional, Dacia correrá a la catástrofe, al abismo. No importaría la algarada republicana, ni siquiera el reguero de pólvora socialista; no somos un país fabril, somos agricultores, y sin la proximidad de Alemania, hasta el nombre del socialismo ignoraríamos. Otro es el peligro, otro y más terrible: la dictadura militar, la proclamación del gran duque Aurelio, vuestro tío, y..., ¡la absorción de Dacia por Rusia!

Hizo una pausa Miraya, esperando el efecto de estas últimas frases, pronunciadas con dramática entonación; y como Felipe se limitase a oír atentamente y callar, prosiguió, cambiando de tono:

—Las tropas están muy trabajadas por el gran duque. Es un soldado; es el vencedor del turco y del albanés, y goza de un prestigio cimentado en la fuerza, y, preciso es decirlo, en la falta de escrúpulos con que procede. De intención, es ruso más que dacio; su triunfo, para nosotros, equivale a la pérdida de la nacionalidad. Por eso acudimos a Vuestra Alteza. Mientras Vuestra Alteza nos olvida, el corazón de Dacia late aquí... No ve tan solo Dacia en Vuestra Alteza al continuador de una dinastía: ve la independencia, que importa más. ¿Todavía se sorprende Vuestra Alteza de que, monárquicos de abolengo o monárquicos por convencimiento, le besemos la mano en señal de adhesión?

Hablando así, animándose gradualmente y llegando a expresar con calor el sentimiento, Miraya arrebató a su vez la diestra del príncipe y consiguió rozarla cont los labios. Bruscamente, echándose atrás, Felipe exclamó, perdido el aplomo:

—Basta, basta, señores, por vida suya... Les ruego que prescindan de ciertas fórmulas, que, se lo juro, me molestan, y que además son innecesarias para que ultimemos este asunto. ¿Vienen ustedes, por lo que veo, a ofrecerme la corona de Dacia?

—En nombre de los dos partidos serios de gobierno, el liberal y el antiguo o tradicional, mancomunados y juramentados —afirmó Miraya.

—Y... el rey..., ¿sabe algo de esto? —preguntó con mal disimulada ansiedad Felipe.

—El rey —murmuró el duque bajando la voz—, ¡el rey lo sabe!

—¿Lo aprueba?

—Completamente —exclamó Miraya a su vez—: solo pone una condición: que el testamento donde reconozca a Vuestra Alteza por hijo y heredero no se llaga público hasta después de su muerte. Vuestra Alteza adivina... El rey teme las violencias del gran duque, y también el... el disgusto... hasta cierto punto natural... de... de Su Majestad la Reina... La mujer, señor, es celosa... hasta de lo pasado, de lo que va no existe... y... la Reina, al fin, ha de ver en Vuestra Alteza... Basta. Por lo demás, se ha trabajado día y noche con el rey para que se decidiese al reconocimiento legal... el ilustre Stereadi no levantó la mano, y el Arzobispo de Vlasta, correligionario del señor duque, no ha contribuido poco a este resultado feliz... que tenemos la honra de comunicar a Vuestra Alteza, solicitando una palabra que llevaremos a Dacia como un talismán.

II. El hijo

Por corto espacio calló Felipe María, recogiéndose, en actitud del que medita y delibera. Después, como embelesado, fijos los ojos en la alfombra, exclamó:

—¡Conque me ofrecen la corona de Dacia! Es preciso confesar que la suerte tiene caprichos bien extraños. ¡Lejos estaba yo de esperar semejante oferta!

—Dios —dijo gravemente el duque de Moldau— se complace en ocultarnos el porvenir. Vuestra Alteza ha pasado en la desgracia sus años juveniles: era una escuela donde se educaba, a fin de que la prosperidad le encontrase preparado, ceñidos los riñones y revestido el corazón de fortaleza.

—Ni he vivido en la desgracia, señor duque, ni puede esperar de mí bienes ni males el país donde mi padre reina. Aprecio muy de veras la lealtad que impulsa a la comunión política que usted dirige... y usted, señor Miraya, hágase intérprete con el eminente repúblico Stereadi de mi sincera gratitud. Quedo reconocido, pero díganles ustedes que rehúso, no solo ahora, sino para lo venidero, y que renuncio, no a mis derechos —los derechos no pueden renunciarse—, sino a toda pretensión o aspiración al trono de Dacia. Jamás —¿lo han oído ustedes bien?— jamás aceptaré ese puesto y, ese honor.

Al oír palabras tan categóricas, el duque palideció; Miraya se demudó un instante, y Felipe María sintió que era preciso alegar razones, porque negativa fundada, negativa excusada. En tono más afable, se dio prisa a añadir:

—Las circunstancias, señores, han hecho de mí un hijo de mi siglo. No sé cómo pensaría si me hubiesen criado y educado desde niño para reinar; es posible que se hubiese formado en mí una segunda naturaleza, y que esa naturaleza me impulsase a ocupar mi sitio y a entrar en mi papel sin esfuerzo. Pero he vivido ajeno a esperanzas ambiciosas, y he abrazado las doctrinas de una filosofía egoísta... o llámenle ustedes como quieran, libre, he aprendido a conocer el precio de la libertad; apartado de la política, he presentido sus amarguras. ¿Qué quieren ustedes? Soy un vividor... o si lo prefieren, un epicúreo... no grosero. En mi estado actual me juzgo uno de los hombres más felices que comen pan a manteles. Ya que hará usted objeciones, señor duque; no me niego a escucharlas, pero antes déjeme usted que le pinte el cuadro de mi existencia. Soy joven, tengo salud, y poseo un caudal no despreciable. Nada valdría todo ello, si me faltasen ciertas aficiones escogidas, que no solo ayudan a pasar las horas, sino que entretienen la imaginación dulcemente, excitándola de un nudo grato. Me refiero a esa curiosidad ilustrada que, sin llegar a ser, ¡Dios nos libre!, vocación científica, ni artística, basta para convertirnos en espectadores inteligentes del gran espectáculo. Tales aficiones serían hasta un martirio para mí, si me viese obligado por cualquier motivo a ahogarlas, vegetando en un rincón, en uno de esos países muertos donde ni se piensa ni se crea, donde los días se deslizan iguales y la gente se enmohece... Pero vivo en París en invierno, y viajo en el verano y en otoño: todavía no he recorrido sino una parte mínima del mundo, así es que me aguardan muchas sorpresas; el libro tiene cientos de hojas sin cortar. Un rico sin imaginación, es un atleta ciego; un pobre con imaginación, es un paralítico dotado de inútil segunda vista: ni me creo ciego, ni soy paralítico; me pertenezco, y no me resuelvo a entregarme. Con franqueza, señor de Miraya: ¿qué haría usted en mi lugar? Lo propio que yo.

Interpelado directamente Miraya, vaciló un segundo: era demasiado intelectual, a pesar de su ruda corteza, para no sentir el encanto del cuadro que bosquejaba el príncipe. Por fin encontró salida:

—Los elevados sentimientos de Vuestra Alteza responderán por mí. No sabría objetar; solo le ruego que lea en su alma... y allí encontrará la refutación victoriosa de lo que no me atrevo a llamar sofismas. Si fuésemos plantas, nos bastaría el deleite de vegetar bebiendo el rocío, absorbiendo el Sol y cubriéndonos de hoja y de flor en primavera... Pero las mismas plantas, señor, dan su fruto, y al dar fruto adquieren el derecho a la vida. No suponga Vuestra Alteza que al venir aquí creímos convidarle a una excursión de recreo, a una cacería, a un alegre banquete, a una ópera. Diré más: sabíamos que nuestra proposición, si Vuestra Alteza la aceptase, le impondría sacrificios que hasta hoy no ha conocido, y le revelaría deberes que no sospechaba. Y me atrevo a añadir que el haber venido sabiendo todo esto, es una prueba que nuestra alta estimación. Si respetábamos en Vuestra Alteza al príncipe heredero de Dacia, también apreciábamos al hombre capaz de cumplir una función que hoy puede llamarse providencial.

El botón de fuego llegó a lo vivo. Felipe María se mordió el labio inferior, pálido y turgente.

—¿Y quién le dice a usted —contestó no sin vehemencia— que yo no soy ese hombre capaz de resolución y de sacrificio? No suponga usted, por lo que le he mostrado de ella, que conoce mi alma. Me he retratado superficial y gozador, quizás porque me desdeñaba de dar otras explicaciones, no estando obligado tampoco a darlas. Ha abierto usted heridas que van a sangrar, y lo siento... Acuérdense de que no es mía la culpa.

—Dígnese Vuestra Alteza perdonarme si me he excedido —murmuró hipócritamente Miraya, que sonrió guiñando de soslayo al duque, el cual, lleno de desconsuelo, cruzaba las manos sin acertar a decir cosa alguna.

—No tengo que perdonarle a usted... porque usted no puede interpretar mi situación, y creo que únicamente siendo yo mismo la comprendería. Sin embargo, de sobra conocen ustedes mi historia... Y sobre todo la de mi madre. ¿Verdad, duque?

—Señor... —articuló el duque humilde y noblemente—, así que Vuestra Alteza ocupe el trono, mándeme encarcelar y procesar si lo merezco... Cuando Felipe Rodulfo I me consultó cuestiones muy graves y muy delicadas... ¡yo no he de negarlo! ¡yo no reniego de mis actos nunca!, opiné que el soberano de Dacia no podía declarar públicamente su enlace con una señora... con una señora... particular... que no era de estirpe regia. Mi dictamen fue que el matrimonio permaneciese secreto, hasta el fallecimiento de la madre de Vuestra Alteza; y sigo creyendo que así convenía. Si a Vuestra Alteza le contaron que intervine en lo de la nulidad del matrimonio, han mentido: como caballero, como militar, lo desmiento terminantemente. Es más: lo de la nulidad, siempre lo consideré inicuo... aunque se hizo por medios legales, como suelen hacerse las picardías. Moralmente, señor, válido era el enlace de vuestro padre. A no creerlo así, no hubiese venido a ofrecer a Vuestra Alteza la corona.

Esta vez Felipe María tendió al duque la mano con amistosa cordialidad.

—La gran verdad que acaba usted de proclamar —dijo no sin esfuerzo— es precisamente una de las poderosas razones que me hacen rehusar la oferta. Si olvidase los agravios de mi madre, me tendría por el más miserable de los hombres. ¡Mi madre! Yo no he conocido otra protección sino la suya. Me hablan ustedes de un rey de Dacia, que es mi padre. ¿Los padres acarician a sus hijos?... No recuerdo que me haya besado el rey de Dacia. Mi madre sí: he calentado mil veces la cara en su pecho; he conciliado el sueño en su regazo; sus brazos me acogieron amorosamente. Si tengo alguna educación, es porque mi madre me buscó profesores; si no estragué en el vicio mis veinte años, es porque mi madre supo preservarme con su cariño. En mis en enfermedades, ella me asistía; en mis soledades, ella me consolaba... No; mi familia, es mi madre. Hasta las comodidades materiales que me rodean, la hacienda que disfruto, y que hace de mí un privilegiado de la vida, la debo al trabajo de mi madre.. ¡A las piruetas de la bailarina, señor duque!

Chispeaban, con fosfóricos destellos, los cambiantes ojos de Felipe María, tan pronto grises como azulinos. La cólera le sacudía, y sus nervios se desataban, sin que ya pudiese dominarlos.

—Sí, señor; de la bailarina... añadió viendo que el duque, avergonzado, bajaba la cabeza y que Miraya fijaba la vista obstinadamente en la Herodías, otra bailarina real—. ¡Mi madre, la Flaviani! (no lo oculto, y hasta me envanezco de ello), bailó en todas partes..., no solo antes de haber llamado la atención al que había de ser rey de Dacia, sino después de haberse creído mucho tiempo su esposa; y después, naturalmente, tuvo mejores contratas... ¡Es un grano de anís ver bailar a la esposa de un rey! A las piruetas posteriores a la corona..., ¡me lo ha contado varias veces!, debemos la lucida renta que poseo... Gracias a esas piruetas, al venir a brindarme un trono, no me encuentran ustedes en alguna buhardilla royéndome los codos de hambre...

—Señor —imploró el duque, ahogándose, literalmente—; comprendo las quejas de Vuestra Alteza... me explico sus resentimientos... pero me consta, y le empeño mi palabra, que se hicieron reiteradas tentativas para que la señora Flaviani aceptase una decorosa pensión...

—¿Y la aceptó? —interrogó Felipe con ironía.

—Desgraciadamente...

—¡Ah!... Prefirió bailar, y yo lo hubiese preferido también. No todo se paga con dinero. Sí, señores; la madre del príncipe heredero volvió a calzar los zapatitos de raso y a vestir el tonelete de gasa, y a ser la Vili y la Gisela... Si me coronar ustedes, llevaré esos zapatitos en la mano. Los conservo como una reliquia.

—Señor —intervino el duque a cada paso más angustiado, pidiendo auxilio con los ojos a Miraya, que se hacía el muerto—; no lleve a mal Vuestra Alteza que le recuerde algunos pormenores importantes... Dígnese oír sin enojo. Cuando Felipe Rodulfo I se unió a la señora Flaviani, no era rey, no era ni príncipe heredero de Dacia: su hermano, Alfredo III, monarca reinante, tenía dos hijos, hermosos y fuertes: nadie podía prever la catástrofe, la difteria pegada al mayor por el pequeño en una caricia, la muerte de ambos, y poco después la de su padre, despedido por un potro fogoso contra un tronco de árbol, donde se le quedaron estampados los sesos. Esta serie de fatalidades llamó al trono a vuestro padre, que ni estaba en Dacia siquiera: desde hacía años viajaba por Europa y usaba como le parecía su libertad. Recayeron en él los deberes más sagrados... se vio pastor de pueblos... y no tuvo más remedio que prescindir del cariño a su esposa. ¡Del respeto, señor, no prescindió nunca!...

—Del respeto..., ¿y la dejó bailar delante de todos, expuesta a los silbidos? —exclamó el príncipe, cuyas delicadas facciones se contrajeron, cuyos ojos fulguraron, cuya voz se enronqueció—. Respeto..., ¿y anuló el matrimonio y rebajó a la que le había entregado su alma al rango de concubina? Respeto.... ¿y la condenó a presenciar desde los bastidores de un teatro cómo otra mujer ocupaba su puesto en el hogar y en el trono? A cada año que pasaba, duque, a cada año que pasaba sin que los reyes de Dacia tuviesen sucesión, me decía madre al oído: «¡Hijo mío, hay Providencia!». ¡Si creo firmemente en Dios, duque, es porque su justicia hizo estéril el segundo matrimonio de Felipe Rodolfo!

—Acaso, Señor —aprobó el duque— haya sido designio del cielo, y efecto más que de la justicia, de la previsión divina, el no dar hijos a Sus Majestades. Vuestra Ateza existía, y es bastante para nuestra dicha y nuestro amor.

—No se trata de mí —exclamó Felipe, excitándose con sus propias palabras—, se trata de mi madre, señor duque... ¡Si solo a mí hubiesen ofendido, chico pleito sería! Lo que no se borra tan fácilmente de la memoria de un hombre, son los padecimientos de una madre. Si yo no pensase ya en ellos, merecería habérselos causado. Y les advierto que era animosa; que no se quejaba nunca; pero he comprendido muy bien que la mató la pena y la humillación inmerecida; y, sobre todo, la idea de que yo, nacido de un matrimonio tan legítimo como otro cualquiera, pasase por bastardo. En su justo orgullo me ordenó no usar más nombre que el de Flaviani, para demostrar que, al menos, no me avergonzaba de él. ¡Flaviani! —repitió Felipe con una carcajada seca y sardónica—, ¿quién sabe si este apellido es más ilustre, más antiguo que el de los soberanos de Dacia? Mi madre, que era romana, descendería de algún patricio de la familia de los Flavios... Me complazco en creerlo así —insistió con la misma risa cruel—. ¡Ya que mi padre ha pensado en mí... para combinaciones políticas... díganle de parte de su hijo, que todo, todo lo podría olvidar Felipe María... menos una idea... horrible: la de que, a no ser por las intrigas y las ambiciones, aún tendría madre hoy!

Dijo estor conmovido, con Lágrimas de rabia y temblor de cabeza; y levantándose de repente, pegó el rostro a los vidrios de la ventana, desde la cual se veía perfectamente la flecha de la iglesia gótica donde habían cantado el funeral a la bailarina, de donde había salido el hijo para acompañar hasta el cementerio el cadáver de la madre... Un dolor vivo, fresco, sano, mezcla de piedad y de indignación, le cortaba el aliento; se sentía grande, y padecía.

El duque de Moldau, caída la cabeza sobre el pecho, no encontraba argumentos ni razones: ¡era natural que Felipe María contestase así! Tan agobiado estaba, que no se movió del sillón al levantarse su príncipe: de pronto recordó y se incorporó automáticamente, confuso por haber infringido las leyes de la etiqueta. Miraya, siempre rudo, casi sonreía; sus ojos solo se apartaban de la bella Herodías para descender a contar las incrustaciones del pavimento.

—Es cuanto tengo que responder a la honrosa proposición de ustedes —afirmó de improviso Felipe volviéndose a los enviados—. Despachado ya este asunto, me dispensarían un gran placer quedándose conmigo a almorzar sin cumplido, a lo que Dios depare. Están ustedes en casa de un amigo, de Felipe María Flaviani, que tiene en las venas sangre dacia.

—Estamos en casa de nuestro príncipe heredero —respondió Miraya concisamente—. Si él nos honra sentándonos a su mesa...

—Como príncipe heredero no les puedo convidar —declaró Felipe con sequedad exagerada.

Los enviados, que permanecían en pie, guardaron silencio. Estos momentos en que se interrumpe el diálogo desenlazan las audiencias reales. Cortesano respetuoso hasta el fin, el duque lanzó a Miraya una ojeada expresiva, y, andando de costado, buscó la puerta, desde la cual los dos mensajeros se volvieron para inclinarse en reverencia profundísima, contestada por Felipe con otra más leve; al final de la entrevista, el hijo del soberano desmentía, sin querer, sus protestas de renuncia al trono: se despedía como se despiden los monarcas.

Asaz mohínos bajaron los enviados la corta escalera; el duque tropezó en el último peldaño, y le sostuvo el periodista. El lacayo abrió la portezuela del *trois quarts*, y el duque cayó en el mullido asiento como caería en la cama para morir. La antes atusada trova pendía en lacios mechones; la dentadura postiza se entrechocaba en la boca consumida y severa; las secos manos temblaban dentro de los guantes perla bien ceñidos. Miraya, entrando sin cumplimientos y sentándose al lado del gran señor, preguntó apenas el coche se puso en marcha:

—Duque, ¿no tendrá usted un habano?

—¡Ya va usted a apestarme! —gritó el viejo, perdiendo la paciencia.

—Por no apestarle a usted, le ruego que me dé un cigarro posible —respondió con flema Miraya—. Si saco mi tabacazo... me arroja usted por la ventanilla.

Al abrir la petaca de plata oxidada y martillada, con cifra y Corona ducal de diamantes, Miraya se echó a reír.

—¡Suprima por Dios esa cara de... de mochuelo melancólico! ¿Descorazonarse usted, usted, que representa el partido constante por excelencia, el que cree tener de su parte a Dios, y por consiguiente no puede desesperar?

—Hemos fracasado, Miraya —suspiró el magnate—. Tendremos a Aurelio IV, y a la vuelta de pocos años. Dacia sufrirá la suerte de Polonia: será borrada del mapa, desaparecerá hasta su nombre y su recuerdo... Mi consuelo es que para entonces no viviré; mi pena, que no haya sido estéril mi esposa, como lo fue la Reina. ¡Siento dejar fundada una familia que no ha de tener patria...!

Miraya, chupando el puro ya encendido, se encogió de hombros.

—¿De modo que, según eso, el partido antiguo o tradicional se retira de la coalición?

—El liberal, o mejor dicho, Stereadi, será quien primero rendirá pleitesía a Aurelio IV; y encontrará mil razones especiosas para aceptar el protectorado de Rusia y la mengua de nuestro país.

—Stereadi, ya que ustedes se echan atrás, seguirá el plan por cuenta propia.

—¿Eh? ¿Cómo? —interrogó alarmado el duque.

—Y coronará en Vlasta a nuestro joven rey Felipe María... Ya lo creo. ¿Pero es posible, señor duque, que aún sea usted tan cándido? ¿De manera que ha tomado por lo serio la negativa del príncipe? Pues yo la aguardaba. Era visto que se produciría esta explosión sentimental. Respiró —¿y cómo quería usted que no respirase?— por la herida del amor propio, del rencor y la furia celosa, del veneno que la madre estuvo destilando tantos años en el alma del hijo. Ya desahogó, y ahora empiezan a trabajar otros sentimientos, muy lógicos también... muy humanos... Los tengo descontados, como tenía descontado el exabrupto de hoy.

A medida que Miraya se expresaba así, el rostro del duque se coloreaba otra vez de fino matiz sonrosado, y sus arrugas parecían borrarse.

—¿Está usted seguro? —tartamudeó gozoso—. ¿El príncipe aceptará?

—Lo juraría. Solo que ustedes... no ven tres sobre un asno. Lléveme el diablo si no danza en este negocio, además de la bailarina difunta, otra mujer vivita y más peligrosa por consiguiente... Cuando el barco no sigue la corriente, ancla tenemos... El príncipe está anclado.

La satisfacción del duque le rezumbaba por los poros. ¿Cómo no se le habían ocurrido a él tales cosas?

—Hay fémina, vaya si la hay... ¡La descubriré...! ¿Sabe usted lo que nos perjudica mucho? Que Su Alteza malgré lui tenga dinero largo... ¡Si le hubiésemos cogido en época de trueno...! Con todo, duque, podemos organizar sin demora el partido felipista. Vuélvase usted a Vlasta; trabaje a los demás antiguos; prepare la opinión. Yo me quedo en París: que me envíe fondos Stereadi..., iy que no se ande con tacañerías!

—Por lo pronto, yo le adelantaré a usted una cantidad...

—Venga de ahí —exclamó Miraya crudamente.

—¿Subirá usted ahora a mi cuarto, en el hotel?

—¡Ay, querido duque! Increíble parece que no viva usted más advertido. En su hotel no debo yo sentar la planta. Y tampoco usted debe ir al hotel en este coche, que está alquilado a nombre de un amigo mío, un brasileño. Bájese en la plaza de la concordia y tome allí un simón. ¿Cree usted que el futuro Aurelio IV no nos ha puesto ya espías? ¿Sabe usted a quién he visto anteayer en un café del bulevar? A Nordis, ¿entiende usted? Al mismo Nordis. ¿Qué hace en París? Por recreo no viajará ese pájaro...

—¡Nordis aquí! —repitió pensativo el duque.

—En persona. De modo que... prudencia. Nos veremos en el gabinete particular del restaurant Britannia, calle de San Honorato. Se entra por un sitio muy reservado... el pasaje, que parece ad hoc para tapujos. Estoy allí esta noche, a las siete. Ahora, me bajo. No se olvide usted de despachar el coche antes de llegar al hotel... Me llevo otros dos puros.

El periodista abrió la portezuela y salió rápidamente, sin que el coche parase. El duque le siguió con la vista, antes de que se lo bebiese la muchedumbre. Después sacó el perfumado pañuelo y lo agitó, para disipar el humo y el ambiente de Miraya. Y murmuró:

—¡Talento, lo tiene! ¡Pero qué ordinariez! Da asco.

III. Gregorio Yalomitsa

Felipe María, al verse solo, rompió a pasear agitadamente por el estrecho ámbito de la sala, fijando de tiempo en tiempo los ojos en el retrato de su madre. Después se detuvo ante la chimenea, y tendió las manos a la llama que moría en los troncos desmoronados. Una voz mesurada anunció que estaba servido el almuerzo. Recordó: no tenía apetito, aunque debía de pasar bastante de la hora acostumbrada. Al punto en que se sentaba a la mesa y destapaba el bol de plata que contenía el consumado, inclinose hacia su amo el servidor, y dijo, en ese acento que lleva sordina, el tono del respeto exagerado de la domesticidad contemporánea.

—¿Deberé dar al señor en lo sucesivo su tratamiento de Alteza?...

Felipe se turbó. Parecía que el ayuda de cámara había leído en su pensamiento. Precisamente estaba rumiando el efecto singular que produce oírse llamar Alteza por más de una hora... «El periodista me trató de Majestad...». Y era involuntario: el eco de aquellas dos palabras «Vuestra Majestad...» resonaba siempre en su oído, como vuelve porfiadamente el ritornelo de una melodía de las que se pegara... Con vehemencia, cual si rechaza se una agresión, entre el vaho del consumado que le envolvía el rostro, lanzó estas palabras:

—No; ¿de dónde sacas?... ¡Guárdate de ponerme en ridículo!

Al punto mismo sonó la campanilla de la puerta a rebato, y poco después se precipitó en el comedor un hombre que gesticulaba abriendo los brazos y mostrando querer abrazar a Felipe. Tanta familiaridad, habitual sin duda, debió de molestar, en aquel momento, al que era objeto de ella; avanzó las manos como para defenderse, señaló la silla y el cubierto puesto al recién entrado, y dijo en tono agridulce:

—Vamos, Gregorio, para que llegues tú un día en tiempo oportuno de almorzar, preciso ha sido que me retrase yo... Ea, siéntate... y almuerza con sentido común, en orden, una vez siquiera en tu perra vida.

Sentose Gregorio sin más ceremonias, y mientras el criado, impasible, le presentaba otro bol, lleno de un caldo concentrado capaz de resucitar a un muerto, suplicó en voz resquebrajada y ronca:

—Adolfo, hijo, un dedito de cognac... un dedito puesto en pie... Necesito calentarme el alma... Traigo en ella el frío de la muerte... ¡Acabo de ver a las aves de mal agüero! Iban dos, acurrucadas en un coche...

Mirole sorprendido Felipe, mientras Yalomitsa, desdeñando el caldo sustancioso, contemplaba con deleite, al través de la diáfana copa, el color de venturina del rancio cognac, un cognac de naufragio, el contenido de una barrica viejísima, arrojada por el mar a las playas de Bretaña —oro y fuego líquidos—. La luz, entrando por alta vidriera, que caía a un jardín despojado por el invierno, se combinaba con los reflejos movedizos de la chimenea, y los ayudaba a hacer resaltar el tipo extraño de Gregorio Yalomitsa. Era pequeño de estatura, con enorme cabezón; enorme no tanto por las dimensiones del cráneo, como por una melena leonina, especie de zalea, que se esparcía indómita a uno y otro lado del rostro. De un negro azul, no rizada ni crespa, pero de mechones caprichosos, elásticos y enroscados como sierpes, parecía la de Yalomitsa la cabellera de Medusa. La cara, de un moreno anaranjado, que alumbraban dos grandes ojos oblicuos, de blanquísima córnea y sombría pupila, semejaba una moneda de cobre caída entre el plumaje de un cuervo. La nariz era chata, salientes los pómulos, el bigote péndulo: una fisonomía de esas que los antropólogos llaman mongoloides. El vestir de Yalomitsa no revelaba pobreza, sino extravagancia y abandono; un gabán nuevo, forrado de pieles, hecho para otro cuerpo, descubría un chaleco de terciopelo verde, roto y falto de dos botones; un pantalón azul, de rico paño inglés, se escondía en unas botas altas, arrugadas, de vaca, salpicadas de barro. La corbata era de lazo, de color rabioso, flotante; de reloj y cadena, ni señal.

—¡Maldito! —murmuró, sonriendo a pesar suyo Felipe, a quien solía divertir la peregrina facha de su amigo—. Me estás dando fin de la barrica del cognac, y es único: ninguna bodega de París se honra con otro igual.

—Tampoco nadie aprecia en París el mérito de este cognac como yo —respondió el bohemio, trasegando a su estómago otra copa—. Así que me lo echo al coleto, me nacen dentro flores... ¡Flores y estrellas del cielo! No te vuelvas avaro, Lipe... o creeré que te han pegado la lepra esos que he visto subir al coche.

Felipe frunció las cejas. Le sonaba a indiscreción tal modo de hablar. Con ojeada severa recordó a su amigo que los criados podían oír; Gregorio cambió de conversación instantáneamente.

—Ayer —dijo— pasé toda la tarde en el taller de Viodal. ¿Tampoco gusta esta tocata? —añadió, observando una contracción involuntaria en la frente de Felipe—. Antes eras del corro de admiradores del genio... ¿Cuántos días hace que no pones allí los pies?

—Iré... tal vez hoy mismo —contestó fríamente Felipe.

—¡Bravo! A ver si a Rosario se le alegran los ojos... Viodal lleva muy adelantado su cuadro para el salón... y ha emprendido otro, que aún no es más que un boceto: la Samaritana.

—Ese no le conocía —declaró con displicencia Felipe—. Veo que le da por los asuntos evangélicos... Quién le ha servido de modelo para la Samaritana?

—Rosario, naturalmente... ¡Qué postura... y qué sentimiento el de la cabeza! ¡Un poema! El otro cuadro, sin embargo, es más estudiado, más razonado, más intenso... Gana todos los días. Al pronto no entendía yo la psicología del asunto... por que la tiene... ¡y estupenda! Es el momento de clavar a Cristo en la cruz; solo que los sayones, en vez de soldados romanos o tagarotes judíos, son gente de hoy, generales, políticos, banqueros, ¿comprendes?, de los que codeamos por ahí, en los teatros y en los salones..., y vestidos como tú..., y las caras, en vez de la expresión que tienen en sociedad, presentan la de su alma vista por dentro... Almas que nos enseñan el forro... ¡Vaya un forro más horrible! No es como el de este gabán que me ha regalado mi amigo Flaviani... ¡Oh, gran Flaviani, mi Providencia! Dame la mano... ¿Qué es eso? ¿La tiendes de mala gana? Parece que la siento tiesa, fría...

—Es que el día es de prueba —contestó impaciente Felipe— y además, tú has traído frío de la calle...

—Si vieses —continuó Yalomitsa, engullendo distraídamente huevos revueltos con trufas— ¡qué gestos, qué muecas, qué miradas! Hay un tío viejo, idéntico al barón Weider, que le tira a Cristo del brazo para que se lo puedan clavar en la cruz... ¡Qué tío! ¡Dan ganas de crucificarle a él!... ¡Más antipático!

Como empezase el bohemio a hablar de arte, no se le acababa tan pronto la cuerda. Ni sabía lo que tragaba, engolfado en su entusiasta descripción. Tomó la ampolleta comparando la factura de Viodal y la de otros pintores impresionistas, luministas, borronistas y puntillistas, a los cuales puso como hoja de perejil. Calificó a Viodal de «socialista satírico»; sus cuadros siempre exponían en la picota a las altas clases, especialmente a la plutocracia o burguesía adinerada.

—A fe que se va poniendo pesado con ese tema —observó Felipe, dejándose en el plato un jugoso rumpsteack.

El bohemio protestó:

—¡Al contrario! Viodal sube. Su nombre ya era respetado en Europa: ahora le encargan de los Estados Unidos dos grandes lienzos para el local de la Working Association. (Unión del trabajo).

—Pues yo te aseguro —afirmó secamente Felipe— que Viodal cansa; y es que pinta con el cerebro. Vengan los que pintan con la inspiración y con la maestría adquirida, como Bonnat. ¿Qué tiene ideas? ¡Sabe Dios si son suyas! El cuadro del Salón, sé dónde lo pescó Viodal... Cerca de Madrid, en El Escorial, hay un Bosco muy raro, Cristo cargado con la cruz: Cristo es el mismo pintor, y los sayones que le van empujando, sus acreedores, sus usureros, sus judíos, sus ingleses. ¡Me lo ha dicho Rosario! Cuando Viodal y ella estuvieron en España, el pintor se pasó dos horas en éxtasis ante el Bosco, y hasta se trajo una fotografía... Vosotros, los que tenéis el prurito de asombraros y de descubrir un genio cada mañana, poseéis también unas tragaderas envidiables...

Esta discusión terminó al vaciarse las tazas de té ruso. Pasaron los dos amigos al fumadero, no sin que Yalomitsa, a espaldas de Felipe, hiciese una seña a Adolfo, que la entendió y siguió al bohemio llevando una bandejita con la botella y las copas de cognac. Sobre ochavado velador morisco esperaban los papelitos españoles de Felipe y la pipa de madera de Gregorio, atestada de rubio tabaco. Mas antes de que el bohemio la acercase al mechero encendido, Felipe, ya recostado en el diván, tendió la mano imperiosamente.

—Gregorio, ¡un poco de música! Tocando no disparatas como hablando... ¡Las canciones... de tu país!... ¡Los aires lacios! Sin objeción, el bohemio obedeció a aquel capricho, que parecía mandato regio. Sobre el diván yacía el violín; apoderose de él con una especie de transporte, empuñando el arco y estrechando contra el pecho el instrumento, sobre cuyo árbol recostó amorosamente la mejilla, sacudiendo hacia atrás la melena serpentina, que radió y formó aureola. Al primer roce del arco sobre las cuerdas, cuya afinación no se tomó el trabajo de probar, el violín exhaló un quejido breve, intenso, espasmódico. Los dedos de Yalomitsa, largos y flexibles, de curvas uñas ambarinas, medio dislocados, se adherían al arco transmitiéndole una eléctrica corriente de sentimiento, y volaban las notas, llorosas, irónicas, ensoñadoras, rientes; rumores sutiles y misteriosos como el susurro del follaje, o quejas reprimidas como las que arranca un dolor oculto; violentas exclamaciones de ira, orgullosas protestas, melancólicas frases de resignación... El violín reía con risa del infierno; suspiraba con ansia infinita: y de pronto, sonoro y marcial, lanzaba un himno guerrero, que terminaban estridentes gritos de triunfo.

—¿Cómo se llama eso, Gregorio?

—El canto de Ulrico... Uno de tus abuelos, Flaviani... ¡Un tirano!

—Ulrico el flojo... Ya sé. ¡Cómo revela ese canto el desprecio de la vida!

—Ahora tocaré lo que bailan las aldeanas, y lo que las dicen sus enamorados, y las coplas del molino...

Y como si el violín se bañase en auras de primavera, brotó de él una melodía fresca, húmeda de rocío, oliente a flores campestres, entrecortada por ingenuas risas y requiebros candorosos. Una inocencia maliciosa, idílica, tierna, rebosaba de las estrofas del villancico, y el ritmo del agua al hacer girar la rueda del molino acompañaba con originalidad el amoroso diálogo... Felipe escuchaba absorto. Gregorio, fatigado, echando atrás los mechones que le comían los ojos, pidió tregua.

—Lipe, déjame fumar.

—Descansa y fuma, y bebe... aunque eso no lo pides.

Encendió la pipa, se puso cognac, paladeó un sorbo, y se recostó en el diván, sacando una bocanada de humo que lanzó al techo, cubierto de telas japonesas plegadas en figura de gigantesca sombrilla. De pronto, volviose hacia Felipe, como quien recuerda algo importante.

—Ahora que no nos oyen... ¿Qué te querían esas aves de rapiña?

—Ofrecerme el trono de Dacia —respondió al punto Felipe, cual si esperase la pregunta.

—Lo sabía —gruñó Yalomitsa, ahumando a más y mejor—. Las cosas andan revueltas por allá. Aurelio Leonato es impopular, porque ha vendido el alma a los rusos; y el intrigante de Stereadi aprovecha esa corriente para poner un rey de su mano. Necesita un maniquí para reinar en su nombre, y ha olido que Aurelio, cuando suba al trono, es muy capaz de cortarle la cabeza. ¿Te asombras de que sepa tanto Gregorio? Pues es que a Gregorio, aquí donde le ves, le han querido chapuzar en el estiércol de la política... Stereadi me ofrece el oro y el moro si te decido a hacer porquerías... ¡Oro a mí! Si al menos me hubiesen ofrecido una barrica de esta gloria celestial...

—¿Es de veras, Gregorio?

—Como lo oyes... ¡Pero les canté las verdades! El chalán —uno de los buitres, ese escribidor que se llama Miraya— se largó con las orejas mas gachas. Le solté lo que verás. «Entérate, belitre, de que si tengo hambre, no me falta un faisán en las mesas de los amigos... Entérate de que el frío me lo paso junto a las chimeneas ajenas... Entérate de que visto como un príncipe, y voy más decente que tú con las sobras del glorioso Flaviani... Entérate de que este gabán de pieles me lo ha dado él... Ya ves; yo tengo gabán de pieles y él puede regalarlos; no nos sobornas... Entérate además de que si me das dinero hoy de noche, no tengo una mota mañana por la mañana... Para lo que me había de durar, vaya enhoramala el dinero... El incorruptible has hallado; soy Catón. Llevaré una carta amorosa, pero no me hagas tercero de reinos». Me rogó que guardase reserva... Bien; soy magnánimo: lo prometí. Bastante tiene con la retahíla que le soplé... y con las calabazas que tú le regalaste.

—Te equivocas —declaró intencionadamente Felipe—. ¿Qué te creías tú? Nadie rehúsa un trono.

Yalomitsa pegó un salto brusco, dejando caer la pipa, que derramó su carga. Precipitose a recoger el fuego, y juró al sentir que le quemaba los dedos.

—¡Mala centella! Déjate de bromas. ¿Has aceptado?

—¿Qué querías que hiciese?

—¿Qué quería? Darles un puntillón... echarles por la ventana, ¡centellas y rayos! ¿Qué quería? Soltarles un perro rabioso... ¡El infierno te confunda! ¡Has aceptado! ¿Era por eso por lo que me dabas antes una mano tan rígida? ¿Era por eso, condenado, por lo que mandabas con tanto imperio que tocase en vez de fumar? Qué, ¿ya soñabas tener esclavo, bufón, enarco, mico, músico de cámara? ¡Mala uña te pele! ¿Por eso me pedías el canto de Ulrico el Rojo, de aquel facineroso, de aquel verdugo? ¡Anda y que te canten el funeral! Aunque te pusieses de rodillas, con tu corona y tu cetro en la mano, y me limpiases las botas, ¿ves como las tengo de lodo? Con tu manto de armiño, no volverás a oír otra vez, ¡antes me abrasen las pajarillas cien renegadas centellas!, una nota del violín de Gregorio Yalomitsa.

—Me pasaré sin él tan ricamente. Formaré una orquesta de los mejores profesores, para mi recreo. A los reyes nunca les falta quien les dé música, hijo.

No replicó Gregorio, pero su vívida melena ondeaba, sus ojos oblicuos giraban espantados, y sus manos descoyuntadas se crispaban de furor. Repentinamente cambió de actitud y se arrojó a los pies de Felipe, abrazando sus rodillas.

—Lipe, por Dios, por amor de todos los santos de la letanía... Lipe, vuélvete atrás, no quieras echar sobre tu alma tan gran pecado. Mira que es una locura, que vas a ser muy infeliz. ¿Sabes lo que vale la libertad? ¿Comprendes la dicha inmensa de no deberse a nada ni a nadie en el mundo? ¿De poder llevar el corazón a donde se nos antoje y el cuerpo a donde nos lo pida? ¿Sabes tú lo que es el sueño tranquilo, la vida segura, las acciones a compás del deseo, el amor a capricho, los amigos a voluntad? ¿Y el arte, Lipe? ¿Dónde me lo dejas? ¿Hay nada como vivir para agotar el goce de la belleza artística, la embriaguez de las líneas, de los sonidos, de las formas? ¿Crees que un rey puede ser artista? En arte, un rey es necesariamente un besugo.

—Calla, bobo... Me haces reír, aunque no tenía ganas —dijo Felipe agarrándose a la bravía cabellera para alzar al bohemio, que seguía arrodillado.

—No me levanto: no se me antoja... hasta que me otorgues un don... Mira que este desastrado que te implora, es el mejor amigo tuyo, el leal, el can, el que te ama por ti, por ti mismo, no porque le resuelves una combinación ambiciosa... Te devolveré el gabán de pieles, no beberé más cognac... ¡para que veas!... pero renuncia a ese trono ridículo, sin demora, irrevocablemente. Lipe, ¿qué, ya no tienes conciencia? ¿Has olvidado las injurias que te inferían cuando eras un niño y no podías vengarlas? Entonces te declararon bastardo, ¡bastardo! ¡Qué risa! ¿Por qué te legitiman hoy? También Yalomitsa sabe lo que es honor, lo que es dignidad. Nada me importa que me harten de puntapiés, si respetan a mi madre. ¡A mi madre, que no la toquen ni con un ramo de flores! ¡Centella y recentelleo! ¡A mi madre!

Mientras el bohemio desbarraba, el rostro de Felipe se entenebrecía, al modo del cielo cuando va a llover. Sus pupilas azuladas parecían oscurecerse, como si se les hubiese metido dentro toda la humareda de la pipa de Yalomitsa. Sus cejas se reunieron, señalando en la frente blanca un pliegue profundo.

—Así me gusta ver tu hocico —exclamó Gregorio, levantándose y echándole un brazo al cuello—: Ahora sí que me pareces un rey... ¡Viva Su Majestad el rey de sí mismo! Ahora eres un rey hombre, rey en tu interior, por la nobleza y la independencia de tus resoluciones. ¡Rompe la cadena! ¡Sacude el yugo! Sé rey, Lipe, de tu alma, de tu destino, de tu felicidad...

El bohemio, con la cabellera agitada, la cobriza faz arrebatada de alegría, acariciando a su amigo, estaba hermoso a su manera. Felipe murmuró:

—La suerte está echada... Tengo que ser por fuerza rey de los dacios, pero no temas: serás mi primer ministro.

—¡Era broma! —chilló Yalomitsa, saltando loco de júbilo—. ¡Ya me parecía a mí! ¡No podías jugar tan infame partida, ni a Rosario, ni a Gregorio!

—Pues ya se ve, borrego —respondió Felipe, atusando los viperinos mechones del bohemio, como si fuesen las lanas de un perro favorito.

—¡Qué peso me has quitado de encima! —exclamó él, buscando en los trofeos de la pared otra pipa, y cargándola atropelladamente—. ¡Por la santa Virgen! A ver, cuenta eso, cuenta... ¡Voy a gozar más! Cuenta cómo le soltaste el puntapié a su trono desvencijado, comido de polilla, relleno de nidos de ratones... ¡Con qué estrépito rodaría el armatoste maldito! ¡Por eso iban tan rostrituertos! ¡El viejo sobre todo! ¡Rabia, viejo chiflado! ¿Creías que no había más que llegar y quitarme a Felipe? ¡Menudas despachaderas te han dado, a ti y a tu frac forrado de murciélago! ¿No sabías eso, Lipe? ¡El duque, que es muy friolero, y al mismo tiempo presume de joven y de talle fino, se ha mandado hacer un frac entretelado de pieles de murciélago, y así va abrigado y no pierde la esbeltez! ¡El murciélago! ¡Simbolismo puro!

IV. Los cuatro elementos

Nada se parece a un estudio de pintor como otro estudio de pintor. Son siempre los mismos trapos vetustos, los mismos vargueños, los mismos monigotes japoneses, las mismas armaduras poco auténticas, los mismos macacos bizantinos o góticos; y Jorge Viodal, cansado de esta monotonía que se disfraza de capricho, se había propuesto algo nuevo, distinto de todo lo conocido hasta entonces. No en vano pasaba por pintor cerebral, más atiborrado de ideas estéticas que rico en pinceladas magistrales.

Era en efecto Viodal un inventor, solo a fuerza de un pensador; y soñaba con hallazgos no debidos a esa fuerza espontánea e inconsciente que se llama inspiración, sino a la labor paciente del que investiga series de combinaciones posibles hasta acertar con una original y caprichosa. Cuando empezó a tratar a Felipe Flaviani, y estrecharon una amistad enfriada después, le arregló la casa con distinción: dirigió la sala amarilla y plata, de tan suave armonía de tonos, el comedor y su decoración de loza de Palissy, con mariscos de relieve sobre un fondo verde mar, obtenido por medio de gruesos vidrios que recordaban el matiz de las olas. En su taller o estudio fue donde echó el resto Viodal. Se hablaba mucho en París del tal estudio, y los extranjeros lo visitaban a título de curiosidad o rareza artística.

Empezó Viodal por alquilar el local más grande que encontró, algo lejos del centro de París, a fin de que costase barato el alquiler. Era un salón inmenso que cogía la altura de los pisos tercero y cuarto; debajo, en el segundo, instaló el pintor su vivienda. Recibía el hall luz vivísima de un frente casi todo de cristales; cortinas hábilmente arregladas permitían graduar la claridad según conviniese.

Llenaba este frente de cristales las dos terceras partes de la altura total de la pared; y la restante la cubría una intrincada espesura de arbustos, plantas raras y flores de invernáculo, agrupadas con tal arte y tan bien cuidadas en verano y en invierno, que remedaban, en su gracioso y estudiado desorden, un rincón de comarca paradisiaca. Las geométricas araucarias descollaban entre las libres enredaderas; las gloxinias florecían bajo las palmeras lustrosas; los helechos flotaban a guisa de verdes plumajes, flexibles y recortados por una tijera fina; los hibiscos de la China abrían sus cálices rojos como heridas enormes; los heliotropos embalsamaban el aire; y los tulipanes holandeses erguían su copa esmaltada de colores duros. Del centro del macizo surgía un obelisco de bronce y lapislázuli, rematando en un globo de porcelana que representaba el mundo, con las montañas en relieve. Ese costado del taller se llamaba la tierra.

A la derecha aparecía el agua. Adelantando el tabique todo lo necesario, se había formado una especie de gruta, cerrada por vidrio enorme, y alumbrada por poderoso foco eléctrico. Arenas y rocas daban fondo natural al acuario, y se distribuían a sus dos lados lindos arrecifes de madrépora y coral, graderías de algas y focos. Nacaradas conchas se entreabrían sobre la arena blanca; peces brillantes cruzaban rápidos como saetas, para volver a repetir sin cesar la misma maniobra y el deslumbramiento de su paso, que era un relámpago de plata; las estrellas de mar y las anémonas se plegaban suavemente o se desplegaban con la magnificencia de una flor extraña y radiante, sin tallo ni hojas; y dos o tres crustáceos, de monstruosa figura, adelantaban dando paladas con sus tenazas enormes, enfermos de vivir a tan poca profundidad, y ansiosos de devorar a las ágiles doradas y a las ondulosas anguilas. La gruta concluía en bóveda, y bajo esta bóveda se cobijaba, recostada en las rocas, dominando y señoreando el acuario, una cuello de mármol, de tamaño natural.

Frente al agua, a la izquierda del espectador, se veía la dorada reja de una pajarera, donde no faltaba ni su tazón de alabastro para que bebiesen las aves, ni sus arbolillos para que se posasen y colgasen el nido si querían. Solo la gran extensión y altura del hall podían hacer que la algazara de los pájaros no fue se molesta; pero el pintor había cuidado de proscribir las especies parleras y cantoras, los insoportables jilgueros y canarios, prefiriendo las de pluma multicolor, los pájaros moscas, las golondrinas javanesas, los periquitos y las palomas y tórtolas. La maravilla del jaulón era un menurio o pájaro lira, ave rarísima de Oceanía, semifabulosa, traída por un marino y conservada a fuerza de cuidados. Para tener aseada y limpia la región del aire, venía todas las mañanas un empleado del próximo Jardín de Plantas, lo cual le costaba a Viodal un ojo de la cara al cabo del año. Todo lo valía la pajarera, su incesante movimiento, el encanto poético de sus palomas de tornasolado cuello bebiendo en el alabastrino pilón, procedente de Pompeya.

El fuego, cuarto elemento, desempeñaba en el estudio del pintor un papel de notoria utilidad. Representábalo, en la pared que hacía frente a la vidriera, gigantesca chimenea gótica, que el artista, durante su viaje por España, había descubierto en un arruinado castillo en las montañas de Jaca, y adquirido mediante algunos duros: hoy, se la envidiaban todos sus colegas, porque la chimenea era una joya única.

La fértil fantasía de algún imaginero del siglo XV había mezclado con los arrogantes blasones y las jactanciosas divisas nobiliarias inscritas en caracteres de exquisita elegancia sobre complicadas y sinuosas banderolas, los mil caprichos de la fauna y la flora del gótico flamígero; monstruos y quimeras, grifos y endriagos, demonios muequeros, que parecían geniecillos de la llama; pelícanos asomando entre airosa hojarasca, ricas cenefas caladas y treboladas, y, por último, en el ancho dosel que coronaba la chimenea, una cacería, gentes de sayo, venablo y ballesta, persiguiendo a cerdosos jabalíes y a ligeros gamos: un episodio de la vida real en aquellas ásperas sierras, donde en tan espléndida chimenea ardió leña por primera vez. El lienzo de pared en que campeaba la chimenea, lo cubrían tapices góticos también, soberbios: otro hallazgo de Viodal en casa de un anticuario de Madrid. Su asunto, la creación del mundo; sus tonos amortiguados, calientes aún, parecían láminas miniadas de códices viejos, vistas por gruesa lente. El mismo hormiguero de cabezas menudas, las mismas alimañas de ingenuo dibujo, iguales teorías de ángeles de alas simétricamente alineadas —el sueño de un prerrafaelista.

Otra singularidad del taller de Viodal, era carecer de escalera, haberla condenado enteramente. Desde la antesala del piso inferior se subía por un ascensor hidráulico, de caja acolchada de raso, que depositaba su carga en el mismo centro del hall. Sostenía el pintor que así ganaba el efecto del taller, y era mayor la sorpresa de los que por primera vez se hallaban entre los «cuatro elementos». La verdadera razón era que con el ascensor se evitaba la familiaridad de los importunos. Un criado ducho y antiguo sabía perfectamente a quién debía dar subida y a quién convenía despedir bajo pretexto de que el mecanismo no funcionaba, o de que Viodal, al salir a la calle, se había llevado la llave consigo. En el estudio de Viodal no encontraríais jamás a esa gente equívoca y ociosa, a esos vagos que, a pretexto de admiración, infestan los talleres, buscando pasar la tarde a gusto, abrigados en invierno, frescos en verano, Y en todo tiempo de palique. Si algún bohemio conseguía el sésamo, era que, como Yalomitsa, disfrutaba los privilegios de la amistad y la fama de tener olfato artístico.

Viodal, que instintivamente detestaba a los intrusos y a los matadores de tiempo, aún tenía otro motivo para dificultar la entrada. Proponíase evitar a su sobrina Rosario, que vivía a su lado desde la niñez, el roce con la heterogénea sociedad que en los talleres se reúne.

La tarde del día siguiente a aquel en que Felipe recibió a los enviados de Dacia, a eso de las cinco, no estaba muy concurrido el fantástico hall. Tres hombres se agrupaban delante de la famosa Crucifixión socialista; y otro, sentado en el gran sitial hecho de una silla de coro, daba conversación a una mujer recostada en flexible hamaca, muy cerca de la tierra. Próximo al fuego, un melenudo, que no era sino Yalomitsa, arrancaba al armonio los acordes de una sonata de Mozart. En la chimenea, la rota llama de los troncos, al iluminar caprichosamente las figuras de piedra y los simbólicos tapices, dejaba casi en sombra el resto de la habitación; en la enorme vidriera, la luz de una tarde de enero que empezaba a morir tendía ya el velo de tul ceniza del crepúsculo.

Cuando el ascensor subió en silencio y depositó en mitad del hall a Felipe María, solo se veía del famoso cuadro la mancha blanca del desnudo cuerpo del Salvador. La mirada de Felipe se fijó, no en el grupo de inteligentes que discutía la obra de Viodal, sino en el hombre del sitial y la mujer de la hamaca. De la mujer adivinábase, por la postura, la bonita línea del cuerpo reclinado, la masa sombría del pelo, los dos tenebrosos toques de los ojos en el óvalo claro de la faz. Las conversaciones apenas eran apagado cuchicheo; los pájaros, en la oscuridad creciente, callaban, y la queja del armonio era más religiosa, más melancólica, llenando de solemnidad el recinto. Volviéndose de pronto Viodal, hizo girar una llave oculta por el follaje de la tierra, y el hall se iluminó, surgiendo aquí y allí, en el techo, entre las plantas, sobre la pajarera, intensos focos eléctricos.

La mujer de la hamaca saltó al suelo gentilmente, y dirigiéndose a Felipe, exclamó con acento meloso:

—Buenas noches, señor Flaviani... Creíamos que nos abandonaba ya. ¡Cuántos días! Venga usted, está adelantadísimo el cuadro... y deseamos saber su opinión.

—¿Habla usted del de la Samaritana? —preguntó Felipe, fi jando a la mujer con insistencia.

—¡Ese no es más que un boceto! El tío Jorge lo ha tapado, porque no le gusta que lo vean hasta que esté en planta... No, se trata del cuadro del Salón, ¡del grande!

Viodal se apartaba, con una cortesía exagerada tal vez, con precipitación nerviosa, para dejar a Felipe que contemplase el cuadro. Era este un vasto lienzo, y las figuras de tamaño natural; Felipe haciendo como que se alejaba para ver mejor, retrocedió y se situó sin afectación detrás de todos y enteramente al lado de la mujer, que no era sino Rosario, la sobrina de Viodal; y bajando el brazo paralelamente al de la joven, tocó su mano, avisó con un golpecillo, y deslizó en ella un enrollado billete. Mientras Rosario, palpitante de emoción, cerraba el puño y alzaba la diestra disimulando en el seno, por la abertura del traje, la misiva, Felipe, sosegado, hacía con los dedos anteojo para aislar el cuadro, y lo encontraba aprisa: muy bien, energía rembranesca, valentía en las actitudes. ¡Con qué crueldad estira el brazo derecho de Cristo ese que tanto se parece a Abraham Weider, el banquero israelita!

Viodal callaba. No era de los que beben ávidamente el elogio: al contrario, solía sufrir mucho cuando este le parecía inexacto, aventurado, o vulgar. Solo una alabanza justa, fundada, razonadísima y, además, vehemente, le producía halagüeño cosquilleo en el alma. Al oír a Felipe se cubrió de arrugas su frente desnuda por las sienes. La voz de Felipe, cuando ensalzaba la Crucifixión, carecía de calor simpático: delataba violencia y un apresuramiento compasivo, que hería.

Los tres aficionados que ya comentaban el cuadro al llegar Felipe, objetaron algo a lo que este decía; entablábase discusión; pero impensadamente, Viodal corrió una cortina pendiente de unas varillas de hierro, y tapó su obra.

—Cuando oigo hablar de él —dijo con voz metálica—, cuando disputan sobre lo que significa, pierdo la fe; empieza a parecerme detestable. Lo haría pedazos. ¡Qué fastidio, ser tan nervioso!

Riéronse los circunstantes. Todos ellos formaban parte de esa aristocracia intelectual de París, ni más ilustrada ni más respetable que la del resto del mundo, pero que se alza sobre mejor pedestal y, respira un ambiente más favorable que ninguna. Dauff era el cronista diario de un periódico de gran circulación y autoridad; alemán de nación, mal estilista francés por consiguiente, creíanle sin embargo depositario del ingenio chispeante y la reticencia conceptuosa que se aprecia en el bulevar. Loriesse, el crítico de arte minucioso y maniático, el censor antojadizo, solía llevar la contraria al público, y, a fuerza de tratarle de ignorante e imbécil, le extirpaba sus entusiasmos y sus convicciones, determinando esos cambios radicales del gusto, que se advierten con sorpresa cada cinco o seis años en las muchedumbres, sin que se adivine su causa —pues el crítico, al parecer, vive aislado, lejos de la turba—. Distinguíase Loriesse por su afición a descubrir planetas nuevos; gustaba de romper hoy el ídolo de ayer, y a veces divinizaba cosas tan extrañas, que no faltaba quien le acusase de burlarse del público. Era Loriesse el que había impulsado a Viodal por el camino de la pintura religiosa con simbolismo social y humanitario; y los que conocían las mañas del crítico, se apiadaban del pintor, comprendiendo que después de anunciarle al mundo a campana herida como apóstol del ideal en el arte moderno, ya estaba Loriesse preparando las perfidias y desdenes que seguían siempre a sus pasajeros arrobos: como que empezaba a delirar por un español que traía un estilo nuevo y caprichoso, una pintura decorativa y galante, alegre y sensual; una fiesta para los ojos, hastiados del colorido severo y las figuras siniestras o ascéticas del autor de la Crucifixión.

El tercero del grupo se llamaba Lapamelle; un señor de edad, con larga y grasienta cabellera gris: en el ojal del inconmensurable gabán, la eterna cintita roja; el vientre prominente; los ojos miopes bajo las gafas de oro, los guantes forrados y descosidos, y bajo el brazo una cartera que no quería soltar, porque contenía unas estampas curiosísimas, antes de la letra, a toda margen, adquiridas en no sé qué tenducho, y las guardaba como un perro guarda un hueso, pronto a morder si alguien se acerca. Alardeaba de su hallazgo, y lo ponía en las nubes, modo indirecto de desdeñar el arte moderno, del cual acostumbraba decir pestes. Lapamelle era del Instituto, y aun cuando entre sus colegas había escritores jóvenes, corifeos de las nuevas escuelas literarias, él no se creía un carácter sino viviendo en otro siglo. En arte prefería el XVIII; adoraba los pintores almizclados. Erudito y mordaz, tenía frases picantes y donosas para ridiculizar las escuelas contemporáneas, que sin duda se prestan a ello. Así y todo, frecuentaba los talleres, y se le recibía en palmas, con copas de Oporto y galletitas; era sabroso oírle desollar a los demás, y justamente por lo intransigente y descontentadizo, su presencia adornaba un estudio de pintor. Viodal era de los contados modernos a quienes Lapamelle reconocía talento, aunque afirmando que el pobre iba descarriado, ¡descarriadísimo! —Compadecer a un artista porque derrocha o malgasta sus facultades, es una especie de elogio.

La persona que dialogaba con Rosario desde el sitial había intentado escabullirse cuando entró Felipe, y no lo consiguió, por que Viodal iluminó de repente el taller. Hubo de resignarse a que Felipe le viese, le reconociese, y le dirigiese un ligero saludo, que revelaba alguna extrañeza. ¿Desde cuándo se encontraba en París; y qué hacía en el estudio aquel conde de Nordis, encargado en otro tiempo por el Gobierno de Dacia de ofrecer una pensión a la Flaviani para que renunciase voluntariamente sus derechos de esposa? Y que era él, no podía dudarlo Felipe. Aunque diez años labran huella en un rostro, no bastan a cambiarlo, sobre todo, si son la década de treinta y cinco a cuarenta y cinco. En la edad viril, declinando a la madurez, Nordis conservaba su pelo ensortijado, su bigote retorcido de finas guías, su color mate, sus facciones correctas, su tipo de tenor italiano, guapo, insinuante, y que sería atractivo sin lo receloso del mirar, que ocultaban los lentes de concha, y sin cierta dulzura pegajosa y frisa de la voz y del gesto, Ubaldo Nordis era, ¿pero qué viento le traía? Y con la ceguedad del instinto celoso, al pronto Felipe pensó en Rosario, con quien departía Nordis momentos antes...

Bien podía justificar los más exaltados celos la belleza de la sobrina de Viodal. No era, sin embargo, Rosario Quiñones una perfecta hermosura, pero bien sabéis que estas escasean. Si sois algo artistas, y sobre todo, si tentéis ocasión de estudiar y comparar beldades femeninas, os convenceréis de que siempre caben objeciones y reparos. De la misma Elena, esposa de Menelao, por quien los viejos de Troya comprendían que se perdiese la ciudad, dudo que se pudiese decir que era intachable. Si no es en el rostro será en el talle, y si no en los pies, y si no en el andar, y si no en el cabello: defecto ha de existir, cuando no existan varios.

Lo que necesita una mujer para presumir de hermosa es realizar un tipo, y Rosario lo realizaba: aunque no nacida en España, ni de españoles, la citaban en París coma cifra y compendio del hechizo especial de la raza hispana en el Mediodía. La hermana mayor de Viodal se había casado con un chileno, Ramón de Quiñones, descendiente de conquistadores, pudiente y, señalado en su tierra. Quebrantos en la hacienda causados por los disturbios de Chile y por la oposición de Quiñones al presidente Errazúriz, mermaron el caudal del padre de Rosario, que al fin fue muerto a bayonetazos en una asonada. Su mujer huyó a Europa con la niña, refugiándose al lado de su hermano, ya entonces pintor famoso: venía herida por la pena, y no tardó mucho en sucumbir, confiando a Viodal la criatura. Rosario creció en el taller, educada libre y caprichosamente, mimada, admirada como se admira un objeto de arte, una flor más preciosa y rara que las otras; y era deleitable verla desarrollarse fuerte e impetuosa, con la doble juventud de sus años y de su raza. Por que Rosario, la santiagueña, era joven de todas maneras: étnicamente también. En su tísico prevalecía, sobre el tipo de la familia Viodal, el del padre: de Viodal solo tenía la estatura aventajada, las prolongadas piernas y el largo cuello; pero la tez mate y pálida, que descubre la frescura de la sangre; pero todo lo que traduce el alma —los ojos, la boca— eran bien hispano-americanos, llenos de fuego, de voluntad, de languidez y de pasión. Los ojos, sobre todo, habían valido a Rosario fama de hermosa. Teníalos muy grandes, y, sin embargo, expresivos, límpidos, insaciables y misteriosos como los de los niños pequeños; llenos de humedad y de calor; dos ojos que se imponían, y dejaban en segundo término a las demás facciones de la cara, reduciéndolas a acompañar y corear, por decirlo así, la magnificencia de tan claros luceros. Y sin embargo merecían fijar la atención la carnosa boca, fresca y encendida como un clavel, y el abundoso pelo negro, algo crespo, a pesar de la pureza de la raza ibérica de que partía alardear Rosario. El pie y la mano, españoles y aristocráticos, combado aquel y diminuto, esta delgada y de dedos afilados como los de las damas que retrata Moro, eran de esas detalles de belleza que si al pronto no saltan a la vista, a la larga refuerzan el atractivo físico de una mujer hasta hacerlo invencible. Para un jaez severo, podrían ser defectos de proporción anatómica lo fino del talle contrastando con lo pronunciado y redondo de las caderas y del busto; pero esta forma prestaba al andar y a los movimientos de Rosario la gracia voluptuosa y el salero perturbador de las figuras goyescas.

En los dos o tres bailes de trajes a que había asistido; en el que dio Viodal para inaugurar sus cuatro elementos, Rosario puso raya luciendo trajes españoles; ya el de Rosina en el Barbero, ya el de la que llaman duquesa de Alba en los tapices de Goya, ya el de la infanta Sánchez Coello, ya el picante calañés y la chaquetilla torera de terciopelo guinda que en sus juventudes ostentara Eugenia de Montijo... Vistiendo este último atavío la conoció Felipe el día de la inauguración del hall, a que asistió con papeleta de convite obtenida por Yalomitsa. La impresión fue profunda; quedaron subyugados los sentidos y la imaginación, puertas de oro del alma.

V. El jardín

Es cruel suplicio, para una criatura tan impulsiva como Rosario, guardar en el hueco de la mano y después en el seno un billete cuyo contenido importa más que la vida, y que no es posible leer sin demora. Para enterarse de lo que la decía Felipe, Rosario hubo de esperar la hora de recogerse. Ni en el hall, bajo la claridad delatora de los locos eléctricos; ni en el comedor, a donde la llevó del brazo su tío; ni durante la velada de familia, que se prolongó, halló ocasión de descifrar el papelito que sentía crujir bajo el corsé, encima del corazón cabalmente. Aquel día Yalomitsa se sentaba a la mesa del pintor, y con sus hábitos de desorden y sus improvisaciones de piano y de violín, encaminadas a retirarse más tarde —Gregorio era noctámbulo de profesión—, pasaba de las doce cuando sonó la queda. Al darle Rosario en la antesala el último apretón de manos, Gregorio susurró, aprovechándose de que ya volvía las espaldas Viodal, que madrugaba para trabajar: «Tengo que hablarte, Sarito. Mañana vengo aquí a la hora en que papá esté en el taller». (Yalomitsa llamaba a Viodal papá de Rosario, broma que siempre determinaba en el pintor una contracción de nervios.)

Cerrada, por fin, en sus habitaciones. Rosario apresurose a desabrocharse y leer el billete. Era lacónico: solo decía: «La suplico que esté mañana, a las nueve, en el jardín; sitio, el mismo que la otra vez. No falte; se lo pide encarecidamente — Felipe». Aunque una cita, dada así, podía no significar más que lo que habitualmente significan las citas amorosas: deseo de comunicación, ansia de ver y de hablar a la persona querida —la coincidencia del billete con las palabras del bohemio, que era el amigo más íntimo de Felipe, el que le había presentado en el estudio, dejó pensativa a Rosario.

Nunca la había citado Felipe; su primer entrevista en el lugar que Felipe designaba con el nombre de jardín, y que era el de Plantas, se debía a la casualidad, que los hizo encontrarse en un paseo casi siempre solitario, y más en invierno. Por tácito convenio no se veían sino en público; Rosario obedecía, al proceder así, a un instinto de dignidad; Felipe, a una cautela, que hasta entonces había vencido a la codicia del amor.

Quería Rosario que su cariño se conservase altivo y puro, y aunque si Felipe tardaba en venir muchos días al estudio —y solía hacerlo de algún tiempo a esta parte—, se ponía enferma, preferiría sufrir a que aquellas relaciones cambiasen de carácter y degenerasen en intriga. Lo apremiante del ruego y su extraña coincidencia con el de Yalomitsa, la decidieron.

Levantose temprano, después de una noche de insomnio. Vistiose como siempre que salía a recorrer museos o a visitar los avechuchos del jardín, a los cuales tenía gran afición: chaqueta de nutria, toca de la misma piel, menudo velito de motas, monóculo sin aro colgando del cordoncillo sutil de plata y perlas. Su gracia, su lozana juventud, ganaban con la sencillez de tal avío. A pie hizo el trayecto; el jardín distaba poco, y además sentía repugnancia a tomar un fiacre o simón, el vehículo de las aventuras sospechosas. ¿Qué tenía ella que ocultar? Libre, iba a donde la llamaba su corazón, pero no a delinquir ni a bajar ruborizada la frente.

El frío era agudo y cortante; la helada escarchaba el césped de los arriates; Rosario subió a buen paso la calle de árboles en espiral, y fue derecha al gigantesco cedro del Líbano, traído en el sombrero por Bernardo de Jussieu. Corría con instintiva inquietud: había creído notar que la seguía un hombre, no de mala traza, pero de facha poco fina, vestido con descuido, algo grueso, moreno. Sin embargo, ya cerca del cedro colosal volvió la vista atrás, y a nadie vio.

Felipe la esperaba en el banco, y se levantó al verla. Tendiéronse la mano, y al través del guante fue magnética la presión. Se sentaron silenciosos. El Sol de invierno, al través de las ramas desnudas de hoja, bailaba de oro la tez de Rosario y hacía transparentes como el agua los ojos cambiantes de Felipe. La chilena los interrogó, y los encontró ardientes, fijos, duros, llenos de fiereza. ¡Ella que soñaba una acogida loca, una gratitud tierna y alegre! Parecía, por el contrario, que Felipe la recibía como al reo el juez.

—¿Qué le pasa? —preguntó al fin Rosario, impaciente ya, al oír que Felipe exhalaba un suspiro y al ver que seguía callado.

—Nada —respondió él esforzándose en mostrar afabilidad—. Mil gracias, porque ha sido usted exacta a la cita y a la hora... Creí que no la dejarían a usted venir...

—¡Y quién iba a privármelo! —exclamó Rosario con alarde de independencia.

—¡Qué sé yo! —murmuró Felipe dulcificando algo la voz, pero sin variar su actitud de enojo y reserva.

—Yo sí que he creído que ya no pensaba usted vernos más —advirtió Rosario con el dulce dejo de su país, clavando en Felipe sus pupilas de terciopelo—. Quince días hacía, lo menos, que no aportaba usted por el estudio.

—Estaba luchando... —declaró Felipe, decidiéndose a explicarse, lo cual probaba que la voz y los ojos de Rosario producían ese efecto misterioso de la presencia del ser amado, parecido a un talismán—. El estudio se me ha hecho insoportable. ¿Es posible que no lo comprendas? —añadió tuteándola de súbito—. ¿Qué quieres que haga allí? ¿No ves cómo me reciben? Ni los demás son tontos o ciegos... ni tampoco lo soy yo, ¡qué diablo! Mira, Rosario —exclamó con fuerza y ahínco—; te tengo por franca, por leal... Si no lo eres, es que vivo engañado... ¿No sospechas por qué he desertado del taller? ¿No sabes de quién tengo celos?

—Sí, lo sé —contestó súbitamente entristecida la chilena—. Del tío...

—¡Del tío... que te quiere!

—Que me quiere, sí —repitió ella, pensando en alto.

—¿Lo ves? ¿Ves cómo lo confiesas?

—¿He de mentir? —gritó con irradiación generosa de sinceridad en sus admirables ojos—. No solo digo que me quiere, sino que... si yo fuese muy buena... ¡muy buena!... le correspondería y me casaría con él.

—Cásate cuanto antes —Y Felipe se echó atrás, colocándose al extremo del banco.

—¡Hijo, ya sabes que no puedo! —tartamudeó ella alterada—. sabes que... ¡que me importa de ti, y que no me importa de ningún otro hombre!

—Sin embargo —objetó Felipe con acento despreciativo y cruel, cediendo a ese deleite de hacer sufrir a lo que se ama, nota característica de los celos en las pasiones que abrasan la sangre—; a ti te importará de mí, pero le sirves de modelo..., ¡lo cual es una infamia! ¿entiendes? ¡una infamia! jamás te he pedido que me permitas ni cogerte la mano así... te he respetado como a una santa... ¡y a él le sirves de modelo!... No lo niegues: creeré que mientes ahora, antes y después.

Rosario sintió en el corazón dolor agudo. Bajo el velo, sus pupilas se apagaron, sus labios temblaron de indignación. ¿Por qué la trataban con tanta aspereza? No podía adivinarlo, por ignorar el estado moral de Felipe en aquella señalada ocasión. Al citar a Rosario, el hijo del rey de Dacia jugaba el albur de su suerte; estaba resuelto a colocar aquella mujer seductora como un obstáculo, voluntariamente, entre su ambición y su destino. En pocas horas había sentido tales ansias, padecido tales desfallecimientos, soñado sin querer, y hasta con horror y repugnancia tales sueños, que quería asirse a algo que le interesase y absorbiese por completo; matar el germen de una pasión con el desarrollo de otra poderosa y embriagadora. Beber para olvidar, beber amor, beberlo a tragos, y aniquilarse dulcemente, no acordándose de nada más; eso anhelaba y eso pedía a Rosario, la única mujer que podía ofrecérselo. Pero el corazón tiene repliegues tan secretos, que aunque Felipe, al encontrarse cerca de la santiagueña, se moría de afán de refrigerarse en aquella fuente divina, notaba a la vez una levadura de cólera, un prurito de buscar motivos de enojo contra Rosario. Diríase que al entregar su porvenir, pedía ya de antemano cuentas de la magnitud del don. Otra contradicción muy humana: mientras la idea de que Rosario servía de modelo a Viodal le sacaba de quicio... la misma sospecha encendía en sus venas fuego de fiebre, y su deseo se exaltaba hasta convertirse en impulso homicida.

—¡Servirle de modelo! ¡Qué vergüenza! —repetía crispando los puños sin notarlo.

—No he servido de modelo al tío... para... el cuerpo... sino cuando era chiquita, de pocos años —balbuceó Rosario abochornada—. Me retrató de ángel en un techo. Después solo me puse para las manos y las cabezas. ¡Mi tío me respeta y me tiene más cariño que usted! Adiós, hemos concluido de hablar... No debió llamarme.

Y levantándose airada, secos los párpados, dio la espalda a Felipe. Este agarró la falda de la chilena, la cual, al volverse y querer desprenderse, le vio cambiado por completo, azules y serenos los ojos, sonriente la boca juvenil.

—Váyase usted, Rosario, deje a este loco... Déjele usted entregado a su mal sino; no se ocupe más de él... Pero antes, perdóneme.

—¿Qué tienes, Felipe? —murmuró ella aplacada ya, ocupando de nuevo su sitio en el banco—. Nunca me habías hablado tan de corazón negro. ¿No ves que el tío es para mí como un padre? Ha socorrido a mi madre, ha protegido mi niñez; le debo hasta el conocerte. ¿Por qué te pones así? Se me figura que hoy te sucede algo raro...

—No preguntes lo que me sucede —contestó Felipe, mostrando alegría pueril—. Lo que me sucede, es que te necesito; que solo tú puedes, en estas circunstancias, hacerme un bien incalculable... Espero de ti nada menos que la salvación. Se acabaron los disgustos... Ya pasó el enfado. Esta conferencia es decisiva, nena. Decisiva para los dos. ¿Creías que se trataba de una cita amorosa ¡Bah! No he venido a eso... He venido a proponerte... ¡Adivina! ¡Adivina!

—Dímelo tú, para que me guste más —respondió ella transportada.

—He venido a proponerte que seas mi esposa —articuló Felipe no sin esfuerzo. Parecía que las palabras, al pasar por su garganta, tropezaban en algo que no las quería dejar salir.

Rosario cerró los párpados. Su sangre, apresurándose con deliciosa agitación, vino a inundar su corazón palpitante. Por un momento, la intensidad de la emoción la quitó el sentido.

—¡Tontina! —murmuró apasionadamente Felipe, que en aquel momento se encontraba libre de dudas, y contento como el que realiza una buena acción—. Qué, ¿te vas a desmayar por eso? ¿No es natural que si te quiero sea tu marido?

—Felipe —respondió ella, recobrándose y alzando el velo—, déjame respirar. La alegría también hace daño. Desde que te quiero nunca estoy en mi estado normal: o loca de contento, o desesperada, o impaciente, o aturdida. Esos días atrás pensé morirme, porque discurrí: «Vamos, esta tarde es la cierta: se ha cansado, se le ha pasado el caprichillo...».

—¿Y de dónde sacabas tú imaginaciones semejantes, nena? ¿De que yo no iba por el taller? Famosa razón. En el taller ya no pienso poner los pies en mi vida. ¡Para ver, o para figurarme que veo tu retrato en el boceto de la Samaritana, ese cuadro que tu tío esconde como un tesoro! Si es cierto que me quieres, no vuelvas a servir de modelo, Rosario, ni para los ojos. ¡Tus ojos!... ¡No faltaba más! Promete...

—Así será, Felipe. No hables de lo que pasó... Estoy tan contenta... Creo que sueño... No te incomodes... ¡Recelaba que no pensases en mí para nada bueno ni honrado! Yo no tengo de qué acusarme; no me creo mala; pero al fin... desde la niñez vivo entre artistas... he oído mil conversaciones... quedé huérfana muy chiquita... ¡la sombra de un tío no es la sombra de una madre! Aunque mi conciencia está limpia, mi educación, bien lo comprendo, no es como la de otras señoritas de mi edad... Hoy, que me hablas de matrimonio, desearía haber salido ayer del convento... con la venda de la ignorancia en mis ojos... ¡cómo nos queréis a las mujeres los hombres! A la verdad, no me atrevía a esperar que vieses en mí más que un devaneo. «El se casará —discurría yo— con una señorita de alta clase, de esas que en su elevada condición social tienen escudo, no solo contra el mal, sino también contra la maledicencia».

—¡Vamos, que ideaste tu novelita correspondiente!... ¿Y en qué te fundabas para colgarme tales propósitos?

—En que... —respondió ella trazando con la sombrilla rayas paralelas en el suelo—, en que tú... no eres cualquiera, que eres un gran personaje... ¡Y tan grande! Tú eres hijo de un rey...

—¡No es exacto! —declaró Felipe apretando los dientes—. ¿Quién te ha contado paparruchas? Soy hijo natural de una bailarina que se llamaba Ada Flaviani.

—Y del rey de Dacia —insistió con tierna obstinación, con cierto matiz de orgullo, Rosario—. ¡Pocas veces que nos lea contado esa historia Dauff! Como que tampoco eres hijo natural (¿a qué inventas eso, m las entrañas?), sino legítimo, y muy legítimo: tu madre se caso con el príncipe dos años antes de que tú soñases en nacer. Solo que los intrigantes y los ambiciosos anularon el matrimonio; porque cuando hay influencias y dinero... se hace lo que se quiere, aunque sea una maldad. Ya ves cómo mis miedos eran cosa justa. No somos iguales.

—¡Qué hemos de ser! Tú vales más que yo —declaró sinceramente Felipe.

El regatón de la sombrilla de Rosario marcó otros signos en la arena. El hábito de dibujar al carbón y al difumino con rapidez y maestría se revelaba en aquel juego; en menos que se dice, la sobrina de Viodal trazó un perfil humorístico de Felipe, sumamente parecido, y encima de la cabeza suspendió, como en el aire, una corona real... Eran frecuentes en Rosario los saltos de la devoradora emoción a la aniñada travesura, y daban a su carácter y a su trato el atractivo peculiar de todo lo que varía y se mueve: el encanto del agua y de la llama, que nunca nos cansamos de ver. Sin embargo, esta vez la chiquillada no fue del gusto de Felipe, que se apresuró a borrar la corona con su bastón...

Bajo el toldo de las ramas del cedro, revestida de su compacta hoja; bañados por el reflejo de un Sol de invierno claro y tibio, que poco a poco se bebía la escarcha y despertaba el perfume de las violetas, ateridas por el frío en las platabandas, creíanse solos los enamorados. El lejano crujir de la arena cuando corría un niño, el rugir de una fiera o el chillido de un ave exótica, aquilataban la grata sensación del aislamiento. Sin embargo, el hombre que aquella mañana también seguía desde lejos a Rosario hasta el Jardín, había seguido la víspera a Felipe hasta el taller de Viodal; y cuando la pareja se despidió lo más cerca posible de la verja, no sería difícil verle apostado en el malecón donde termina la puente de Austerlitz.

Todavía pudo Sebastián Miraya comunicar parte de sus investigaciones al duque de Moldau, antes que este, habiendo justificado su estancia en País con consultas de padecimientos adquiridos en gloriosas campañas, regresase a Dacia por el Orient Express.

VI. Viodal

Naturalmente, la cita de Felipe hizo olvidar a Rosario la del bohemio. ¿Quién se para en citas de Yalomitsa? ¿Qué podrá él tener que decir que valga un pito? Seguramente alguna chismografía contra Lapamelle, a quien no tragaba; alguna murmuración recogida en los talleres, y referente al nuevo cuadro de Viodal... Esto debiera ocurrírsele a Rosario —pero convengamos en que ni esto se le ocurrió—. Su felicidad absorbente disipó las demás preocupaciones. Solo cuando ya se vio cerca del momento decisivo, sondeó la profundidad del sentimiento que consagraba a Felipe. No podía sospechar que fuese tan inmensa. Se asustó casi. Como el que recuenta su caudal y se admira de encontrarse más rico de lo que suponía, Rosario se admiraba de la cantidad de ilusión que cabía en su alma, virgen y ardorosa a la vez. La única espina era el recuerdo de Viodal. No había más remedio que enterarle, y Rosario sabía muy bien que le daba una puñalada en el corazón. El mismo exceso de su amor, los recuerdos vibrantes y deliciosos del coloquio bajo el cedro, contribuían a despertar, por comparación involuntaria, su piedad y su estéril afecto hacia el pintor. Juzgaba del daño ajeno por el propio, y la embargaba una lástima dolorosa. ¿Por qué un horizonte para ella tan hermoso había de ser para otro tan triste y nublado?

No era posible ocultar a Viodal la verdad. Felipe exigía que, en lo sucesivo, se viesen libremente, hasta el momento de la boda, y deseaba que cuanto antes Rosario le participase la conformidad de su tío. El día que siguió a la entrevista en el Jardín, de mañana, Rosario andaba dando vueltas por el taller, recogida la copiosa mata de pelo con una flecha de oro, vestida una bata japonesa azul pálido, bordada de flores de cerezo, que sujetaba flojamente al talle una banda roja de crespón. Su pie inverosímil se escapaba de la babucha turca y taconeaba impaciente, nervioso. Maldito si sabía Rosario cómo empezar las primeras palabras que pronunciase se atravesarían en la laringe. ¡Cómo resonaría, en la atmósfera serena del estudio, ahora que estaban tan completamente solos ella y Viodal, la frase... «Tío, no sabes... Tío, tengo que decirte...»! Mientras rumiaba el exordio, no podía menos de charlar, murmurando cosas insignificantes, yendo y viniendo de un elemento a otro: «¡Ay, se nos ha muerto una dorada!... ¡Calle, ya tiene botón la esterlicia regia!... ¡Pobre golondrina de Java! ¡Ha puesto un huevo, tío!... ¡Mira qué monería!... ¡En el nido está!...».

Jorge, soltando gustoso los pinceles, corrió a admirar el diminuto huevecillo. Era la sal de su vida, el premio de su labor, la hora bendita del día, aquella en que con Rosario curioseaba y comentaba las novedades de los tres elementos, mientras el cuarto, recién encendido, arrojando llamaradas alegres, empezaba a calentar los ámbitos del dilatado hall, tibios ya por el aire que enviaban ocultas tuberías, pues la chimenea sola no era bastante. En tal momento Rosario volvía a ser la bulliciosa y vivaz criatura que había sido a los trece o catorce años, la que de todo reía, la que en todo se gozaba, la que hacía travesuras, la que no dejaba en paz al tío —un tío relativamente joven, porque solo contaba entonces treinta y pico de años, y ya empezaba a estremecerse si inadvertidamente, en su candor, la niña le echaba los brazos al cuello... —No tardó en prohibir esta familiaridad de Rosario, que le miraba atónita y no acababa de acostumbrarse a obedecer. Después de la prohibición, su instinto de mujercita interpretó pronto la misa. Hoy Viodal había cumplido los cuarenta, y creía haber dominado valerosamente aquel extravío. No lo había dominado tanto que no esperase con ansia los momentos de intimidad de las mañanas en el estudio. Una satisfacción así, pura, sencilla, no la reprobaba su conciencia, y saboreaba el goce de tener a su lado a la chilena, de verla seguir ansiosa el revoloteo de un colibrí, o una lucha de monstruos en el seno del acuario... «Sarito, mi pincel gordo... allí, a la derecha de la caja... El secante, Sarito... Sarito, ayúdame a graduar el caballete...». ¡La dicha se funda a veces en tan poca cosa! ¡Las pequeñeces hacen un bien tan grande! El deseo de tener a Rosario encantada y divertida, era lo que había inspirado a Viodal la idea de los cuatro elementos. Flores, pájaros y plantas, no hacían sino servir de poético fondo a la juvenil figura.

Entre vueltas y más vueltas, charlando de lo que no le importaba, Rosario no se decidía a empezar. Algo bueno daría por eludir el compromiso. Sin embargo, volaba el tiempo. Se le ocurrió entonces un modo indirecto de entablar la conversación peligrosa.

—Oye, tío —preguntó mientras disponía flores en una jarra de Delft—, ese conde de Nordis que presume de guapo, aunque ya le ha pasado el Sol por la puerta, ¿trae pretensiones acerca de mí?

—¿Por qué dices eso? —pregunté, Viodal volviéndose de súbito—. ¿Se ha puesto pesado contigo?

—Un poco —declaró con gentil desvío la muchacha—. Es un pelma, y si vuelve le he de enseñar que no me gusta la gente patosa.

—Rosario —contestó gravemente Viodal—, o ese hombre no te quiere, y en tal caso poco debe importársete de él, o te quiere de veras, y entonces merece consideración. ¿Por qué me hablas de Nordis? —añadió sonriendo, con la paleta fija en el pulgar y el mango del pincel rodando entre los dedos—. Bien sé yo que Nordis no te quita el sueño, morena. Otros pensamientos tienes tú...

—Es cierto, tío —respondió Rosario, asiendo por los cabellos la ocasión—. Perdóname si hasta hoy nada te dije; no me gusta tener secretos contigo; pero como no era todavía cosa formal, ni medio formal...

Los labios del pintor blanquearon, y tembló el pincel que cogía.

—Según eso..., ¿es formal ahora?

—Formalísimo...

—¿Bodas?

—Sí...

—¿Con Felipe María?

Rosario no tuvo fuerzas para contestar sino inclinando la cabeza. Sentía en lo dolorido de la voz, en lo seco de las interrogaciones, el sufrimiento apenas reprimido, el odio involuntario, queja y maldición juntamente. Y aquel hombre había sido para ella padre y madre; tal vez había sacrificado al deber de protegerla, a la ilusión de ver en ella una hija, los definitivos lazos que se contraen en la edad viril y son el consuelo de la vejez... Desde quince o diez y seis años atrás, desde que una mujer, vestida de luto y con una niña de la mano, había llamado a la puerta del pintor buscando asilo, Jorge Viodal no conocía más ternuras, más esperanzas, que su sobrina Rosario. Recoger el último suspiro de la madre; educar a la criatura, respetándola más que a una hija, porque a la hija se la respeta sin esfuerzo; librar la batalla cuyas huellas y estragos se escriben con prematuras arrugas en sienes y en frente; tal había sido el papel desempeñado por el pintor, y Rosario no lo ignoraba: por eso las palabras se detenían en sus labios, y un círculo de plomo comprimía su corazón. Pero Viodal, con varonil arranque, se levantó, depositando metódicamente los pinceles en la ranura de la caja abierta, colgando la paleta del gancho de níquel; y metiendo las manos en los bolsillos de su batín de terciopelo negro, sacó un cigarrillo, y con ligera ironía, adoptando festivo tono, murmuró:

—¿Esas teníamos, Sarito? ¿Y desde cuándo has arreglado tu boda?

—Tío —respondió ella, acercándose y cruzando las manos—. ¡Por Dios, no te enfades conmigo! Ya sabes que si tú me lo prohíbes... no me caso, aunque me muera. ¿Exiges que se acabe todo? Se acaba... Pero no me quieras mal.

—¿De dónde sacas que te quiero mal? —protestó el pintor, luchando para conservar su sangre fría, y ocupado, al parecer, en encender reposadamente el largo cigarrillo—. Es bien natural que te cases... y también que yo lo sienta... es decir, que sienta, no tu casamiento, sino separarme de ti... Al fin te he tenido en mi compañía más de diez y seis años.

—Pero, tío Jorge —murmuró Rosario, afanosamente—, si no nos separaremos. Me pasaré el día aquí, en el taller, como siempre, limpiándote los pinceles... cuidando de los pájaros y de las plantas... ¿Había de dejarte? ¡Me sería imposible!

—Rosario —repuso el pintor, ya dueño de sí mismo—; no te apures, ni des importancia a lo que no la tiene. Te casarás y te irás con tu marido, y me verás o no me verás; es lo que menos importa. Has elegido, y ni yo ni nadie en el mundo puede oponerse a tu elección. Así como te digo esto, Rosario, hija mía... yo, que no estoy prendado... de tu futuro... que no me ciega la pasión... lealmente añado que tu elección no te hará dichosa; y esta creencia es lo que me pone así... triste... cuando tú rebosas felicidad.

Rosario bajó los ojos de nuevo. Su vanidad mujeril le sugería la maliciosa presunción de que siempre un enamorado es severo crítico del rival dichoso. El pintor debió adivinar la sospecha de Rosario, y sonrió melancólicamente.

—No hablo de memoria, ni por ningún móvil interesado —continuó—, y es mi deber alegar razones. No has conocido otro padre, y me arrepentiría si por una falsa delicadeza no te previniese cuando corres un peligro. Te amargará la advertencia; peor sería que mañana te amargase la boda.

—Pero, tío... No entiendo; explícate.

—Ya entenderás... ¿Conoces los antecedentes de Flaviani?

—¿Los antecedentes?...

—Sabes que el hombre en quien te has fijado —tú, Rosario Quiñones, sobrina de un artista, criada en un taller de pintor, tú, sin bienes y casi sin nacimiento, aunque tengas en las venas algunas gotas de sangre española muy noble—, ¿sabes que ese hombre es un hijo de rey?

—Vaya si lo sé... —contestó Rosario rehaciéndose, resuelta a combatir—. Hijo del rey de Dacia. ¿Eso qué importa? Pero por su madre es de mi misma clase, y aún más abajo; al fin... la Flaviani..., ¿qué? Una bailarina como la Taglioni o la Cerito... ¡Miren qué alcurnia! Todos los días se están viendo bodas desiguales, y felices. Ni he pensado en tal cosa, ni tengo para qué pensar.

—Pues yo no quiero el remordimiento de no haberte llamado la atención, cuando todavía es tiempo de evitar el daño. Se ven enlaces desiguales, es cierto; también lo es que la prudencia los condena; pero la desigualdad entre las clases sociales, cuando consiste en el nacimiento, puede borrarla el genio, la riqueza, el poder, la gloria militar, la artística... La desigualdad entre la sangre real y otra sangre, jamás se borra. Un hijo de rey no puede casarse sino con hijas o nietas de reyes. Si toma por esposa a una particular, tarde o temprano, y generalmente temprano, llega el castigo. Una constante herida del amor propio acaba por ulcerarse y causar la muerte... la muerte de todo amor, de toda ventura. Si te casas con un hijo de rey, Rosario mía... tú, que eres tan hermosa, tan digna de un trono... tú le pesarás bien pronto a tu marido, como pesa una piedra al cuello; tú le humillarás, él se desdeñará de ti. Los reyes no se miden por el mismo rasero que los demás humanos... Yo te conozco, y sé que este suplicio, para ti, es todavía más intolerable que para otra mujer.

Mientras Viodal revolvía en la herida el cuchillo, el rostro de su sobrina se descomponía por instantes, revelando cruel tortura. Las observaciones del pintor iban derechas a lo más íntimo de su ser moral, a su dignidad, a su generosidad, a la delicadeza de su cariño, a su altivez de española.

Mortificada, sintió una cólera injusta contra el que la causaba dolor, y queriendo demostrar que no carecía de armas defensivas, afectó reírse, y alegó estas razones, contrarias a sus opiniones de la víspera:

—Tío, no parece sino que Felipe María Flaviani es, en efecto, un rey, y que al casarme con él me gano una corona. ¡Pobrecillo!, tan lejos está de esas grandezas, que no solo le niegan el derecho a reinar, sino hasta la legitimidad del nacimiento. ¿Rey Felipe? Él mismo me ha dicho que no se considera más que el hijo natural, ¿oye usted?, natural, de la Flaviani. Es un bastardo, de quien su padre renegó.

—Pues míralo bien, Rosario; ahí tienes el cuadro de tu porvenir. Esto es lo que te espera a ti, lo que espera a tus hijos. Mañana, a su vez, por razones de Estado o por razones de soberbia y miseria humana, Felipe María se divorciará, te repudiará, anulará el matrimonio. ¿Pretexto? Siempre hay pretextos. Sobra quien complazca a los grandes y a los poderosos. ¡Pobre chiquilla ilusionada! ¿A que ni te has enterado de la situación del país donde reina el padre de tu futuro? Yo sí... Yo tengo los ojos abiertos, y miro hacia donde tú no miras. Dacia es un país muy viejo y muy nuevo: viejo en tradiciones y leyendas, pero nuevo como nación. En otro tiempo no tenía reyes, sino príncipes soberanos, una cosa semejante a los margraves. Siempre andaba a la greña con los turcos y con los rusos; pero las altas montañas y el valor heroico de los montañeses preservaron su independencia. Hará poco más de un siglo, aliándose con Rusia, derrotó a los turcos, y se constituyó en nación europea. El abuelo del rey actual era todo un hombre; hizo progresar a su patria. Hoy son los dacios un país casi civilizado, hija mía. Si antes sostenían su libertad como bandidos, ahora la sostienen como diplomáticos. No pierden de vista a Rusia, que no les quita ojo a ellos. Rusia se ha gastado bastantes rublos en crear allí un partido ruso, anexionista, y lo capitanea nada menos que el hermano menor del rey, el presunto heredero de la corona. Por que el rey de Dacia, el padre de tu elegido, no tiene hijos de su esposa legítima... ¿Vas enterándote?

Rosario, inmóvil, aterrada, hizo seña de que sí.

—Entonces, ya adivinas lo que se prepara. Al morir el padre de Felipe, le sucederá el príncipe Aurelio. Rusia le exigirá el cumplimiento de sus compromisos, y la impopularidad de la anexión y del protectorado ruso hará que la mitad del país se levante contra el rey. ¿Qué bandera han de oponerle? La del príncipe Felipe María. Allí tienes a tu esposo pretendiente a la corona. ¿Y qué alegarán contra él sus adversarios, los amigos de su tío? Siento decírtelo... Primero recordaran a su madre... a la Flaviani... pero esa, desde el otro mundo, poco estorba... Entonces saldrá su mujer... «Se ha casado con la sobrina de un pintor...». «Una modelo...» añadirán los malos. «La amiga de Viodal» dirán los peores, los infames. Y publicarán grabados del cuadro de la Samaritana, con este letrero: «Retrato de la futura reina de Dacia, hecho por su tío...».

Rosario, pálida y yerta, abría desmesuradamente los ojos, como el que ve un fantasma... Cada argumento se hincaba, a guisa de clavo agudo, en su cabeza. No podía desconocer la verdad de las observaciones de Viodal, aunque su engreimiento amoroso no las hubiese previsto, ni quisiese aceptarlas, aun tocándolas con las manos, en vez de revolverse ella contra los hechos, los hechos sordos y fatales se volvían —cosa bien natural, aunque ilógica— contra el que se los denunciaba implacablemente.

Se sublevaba, maldecía; deseaba lastimar a su vez. «Es inicuo —pensaba— que me diga estas cosas para desahogar el berrinche de que yo no le haya querido... como él me quiere. Inicuo... Se empeña en matarme... Muerte por muerte, que me la dé Felipe...». Así los dos actores de esta triste escena se engañaban: Viodal, desgarrando el corazón de su sobrina pensaba obedecer al deseo de salvarla de un desastroso porvenir; Rosario, al recibir sanas advertencias fundadas en la realidad, creía que la destrozaban el alma por envidia y por celos...

—¡Cuánto me pesa afligirte, Rosario!... —murmuró el pintor con súbita y tierna explosión de pena—. Preferiría sufrir yo... que al fin, tengo costumbre...

—No me aflijo —exclamó Rosario con esfuerzo heroico—. Me sobra valor. Solo que necesito reflexionar, echar mis cuentas... Pensaré, tío, pensaré...

Pasose la mano por la frente. Sus ojos, como dos negros pájaros, vagaron por el hall. Acordose de que hacía una hora, al entrar allí, la idea de abandonar aquel caprichoso retiro, donde Viodal había reunido lo que más puede agradar y entretener a una mujer joven, la mayor poesía de que se rodea la poesía viviente de la hermosura y los pocos años, había sentido como nunca la gracia, la originalidad y el encanto de los cuatro elementos, notando en su espíritu, embriagado de ventura, la lozanía de las flores, el gozoso gorjeo de los pájaros, la misteriosa paz del agua y el amante e íntimo calor del fuego... Ahora le parecía, por el contrario, que las plantas languidecían, que las aves sufrían de verse cautivas, que las ondas del acuario eran amargo llanto donde se morían los peces desterrados del Océano, y que la llama de la chimenea gótica, al iluminar las figuras grotescas y los místicos personajes de los tapices, descubría siniestras cataduras y ángeles doloridos, consumidos de melancolía eterna e incurable... La creación, simbolizada por los cuatro lados del taller, se le figuró a Rosario algo fúnebre y espantoso, si le faltaba la luz del amor. Encarose con Viodal, y exclamó impetuosamente:

—Tío Jorge, estimo tus advertencias... pero ¡qué quieres! no es fácil precaverlo todo... ¡Algo ha de quedar de cuenta del destino! Si Felipe me escoge, es que tal vez me prefiere a la ambición. Yo le prefiero a cuanto hay en el mundo. Ya sabes que me paso de franca...

Y recogiendo su bordada sotana oriental, escapose del taller por la secreta puertecilla de una escalera de caracol que bajaba a la casa del pintor, y que solo usaban este y Rosario... No vio que Viodal acababa de romper entre los dedos el mango de un pincel fino... ni pudo verle descubrir el cuadro de la Samaritana y, asiendo la espátula, raspar con furor la cabeza...

Media hora después subió la caja forrada de raso, y soltó en el hall a Dauff y al guapo conde de Nordis, que traía al artista un magnífico bronce griego, encontrado en ciertas excavaciones de Dacia. Al «¿qué hay de nuevo?» del cronista, siempre a caza de noticias, Viodal, impulsado por extraña necesidad de proclamar el motivo de su callada desesperación, dijo en voz que trataba de emitir serena y clara.

—¿De nuevo? Mucho. En primer lugar, que he borrado la Samaritana... No quiero tratar ese asunto; es muy conocido. Otra novedad: mi sobrina va a casarse con Felipe María Flaviani... Acaba de participármelo.

Dauff lanzó una exclamación de sorpresa; por el rostro de Nordis se extendió una satisfacción que apenas acertó a reprimir.

—¡Qué galán tan singular este Nordis! —pensó para sus adentros Viodal—. No quería a Rosario, no... ¡Cómo le brillan los ojos de contento!

VII. Inmolación

Al llegar Rosario a su gabinetito amueblado con virginal sencillez, la esperaba una visita: repantigado cómodamente en el sofá, leía un periódico Gregorio Yalomitsa en persona.

—No me darás hoy el chasco como ayer, paloma querida —exclamó el bohemio al ver a Rosario—. Pero, ¿qué es eso? Vienes muy desemblantada... ¿Estás enferma?

—No —respondió ella con forzada sonrisa—. Un poco de jaqueca... Ya se pasará.

—¡Jaqueca! ¡pch! Las mujeres dan una cada mañana e inventan otra cada noche... Y las jaquecas de las muchachas, ya sabemos cómo se curan... Sarito, perla oriental, ¡me parece que te traigo yo el remedio de la jaqueca!

Diciendo así, Yalomitsa reía de buena fe, con risa inocente y semisalvaje. Si el bohemio pudiese sospechar que, en efecto, tenía en sus manos en aquel instante el destino de tan noble y linda criatura, en vez de hablar, capaz sería de arrancarse la pecadora lengua. Nadie que registre su propia historia dejará de encontrar en ella alguna página irónica parecida a la que Yalomitsa estaba viviendo; un día en que con intención cariñosa hirió en el corazón a la persona que más amaba; otro en que, pensando dañar a un enemigo, le allanó el camino de la suerte. Por otra parte, el error que iba a cometer Yalomitsa se explicaba sin dificultad. ¿Cómo podía sospechar que la víspera Felipe había ofrecido su mano a Rosario, ni adivinar que sus palabras iban a ser comentario vivo de los funestos vaticinios del pintor? Creía Yalomitsa dar un paso altamente diplomático, y se frotaba las manos y sacudía la enmarañada melena, como un niño —¡y qué otra cosa era el bohemio!— a quien le sale de oro una diablura...

—Sarito —empezó— déjate de remilgos; entendámonos, que solo aspiro a hacerte bien... Canta claro, tórtola... o no vuelves a oírme en el violín los Gnomos. No te pongas colorada..., no te eches a adivinar. Aquí sale el argumento. ¡Atención! ¡Felipe María está muerto por ti... y tú creo que no le matarás a desdenes!

—Yo... —protestó Rosario.

—Te digo que te quiere Felipe, y que tú le quieres a él... y si no le quisieses, de rodillas a tus pies caería Yalomitsa para pedirte que sí le quieras mucho. Siempre el cariño de una mujer como tú es regalo y bendición del cielo para un hombre; pero hay ocasiones de ocasiones, y no puedes imaginarte, lucero, el favor que harás a Felipe ahora atrayéndole y sujetándole a tu lado. Tú no sabes lo que pasa... Yo te enteraré, hermosa, yo te enteraré... y conspiraremos para esta buena obra. ¡Una obra de caridad!

—Venga la explicación —ordenó Rosario casi imperativamente.

—Verás... ¡curiosilla! ¿Te acuerdas del origen de Felipe?

—¡Ah! ¿De eso se trata? —dijo estremeciéndose la chilena.

—De eso. Felipe, nuestro Felipe, ha tenido la desgracia de nacer en las gradas del trono... de eso que llaman el trono, y que es un potro de tormento y una picota ignominiosa. Por suerte de Felipe, anularon el matrimonio de sus padres, y le quitaron así la tentación de andar pretendiendo. Mas la ambición, que deshizo la tela, ha vuelto a urdirla. Hay en Dacia un pillo que se llama Stereadi y un bobo que se llanta el duque de Moldau...

—Adelante, adelante, Yalomitsa...

—Ten paciencia, gitana... A ese pillo y a ese tonto, que son jefes de dos partidos importantes, se les ha puesto aquí hacer rey a Felipe. ¿Comprendes? ¡Nada menos que rey! ¡Como si no estuviese al quite para defenderle Gregorio, que le tuvo en brazos de chiquillo, y que no quiere verle tan desgraciado y tan ridículo como su padre! Porque a su padre también le conocí: fui su amigo íntimo, cuando no era más que príncipe de Dacia, y muchos, muchos escalones le separaban del trono maldito... Pero verás tú lo que hace el diablo: se mueren los dos hijos del rey; el rey también espicha, ¡y le sucede Felipe Rodulfo! Una catástrofe. Imagínate tú que Felipe Rodulfo era el pícaro más feliz de la tierra. ¡Esposo de la Flaviani, a quien adoraba, padre de Felipe, que era monísimo, loco por el arte, con una inteligencia para la música!... ¡Qué conciertos recuerdo yo en aquella casa! Todos los jueves iba Listz... La vida más encantadora que puede soñar un hombre. Y me lo arrebatan de su hogar, y me lo llevan a Dacia, a ese país de montañas peladas y de gente feroz... muy poético, todo lo que gustes... Pero inhabitable... y reine usted, y olvídese de que tiene familia, amigos... Y anulan el matrimonio, y a la madre de Felipe la cubren de vergüenza, y a Felipe María me lo declaraban bastardo... y a Felipe Rodulfo me lo casan con una princesa de la rama de Edelburgo, una mujer como un palo seco, de la cual no tuvo hijos... y le remachan el grillete de rey... ¡Y ahora salimos conque les hace falta Felipe para sus chanchullos políticos, y sin más ceremonias nos le quieren robar! ¡Bueno fuera! ¡Tú y yo lo impediremos!... —añadió estrechando las manos de la chilena—. Tú y yo... Es preciso que os caséis, ¿lo oyes, chiquilla? Y os casaréis ¡voto a bríos! Y casado contigo, no le hacen rey de Dacia, ni de bastos... La historia de la Flaviani fue buena para una vez... ¡No se anula tan fácilmente un matrimonio contraído en toda regla, bajo las leyes de Francia! ¡No se repite a cada veinte años la farsa del repudio de una mujer intachable!

—Pero, por Dios, Yalomitsa —preguntó Rosario, con una tranquilidad que asustaría al que leyese en su pensamiento—; ¿no se encontrará usted sugestionado con la aprensión de un imaginario peligro? Felipe María ha vivido muchos años ajeno a la idea de que nadie se acuerde de él para la sucesión al trono. Jamás le he oído mentar cosa semejante. Me parece que ve usted visiones.

—Sarito, tú no entiendes palotada de política —respondió majestuosamente el bohemio, guiñando con malicia el ojo derecho, mientras el otro sonreía y brillaba—. Hija mía, la política da muchas vueltas... Mientras nosotros dormimos y roncamos y ni nos acordamos de esa arpía. Ya te dije que hay en Dacia un pillo y un menso; que ambos quieren servirse de Felipe, bajo pretexto de que representa la causa de la independencia, la causa nacional... Lo sé de cierto. Uno de ellos vino en persona a París...

—¿Le ha visto usted? —dijo ansiosamente Rosario.

—¡Ya lo creo! Parece una lechuza... Es el vejestorio... El otro no vino; comisionó a un buen peje, Sebasti Miraya... Como que se dirigieron a mí para que Felipe María les recibiese en audiencia (así dijeron los muy serviles)...

—¿Y les recibió? —insistió la chilena.

—En su casa.

—Y... ¿qué resultó de la entrevista?

—Que les ha regalado unas calabazas monumentales. ¡No; si Felipe conoce lo que le conviene!

—¿Ha rehusado, dice usted?

—Solemnemente.

—¿Cuándo?

—Hace cuatro días.

Rosario calló. Concordaba fechas, y la verdad se le aparecía, más que clara, refulgente. Felipe María no pensaba casarse con ella, hasta que el mensaje de Dacia le presentó la tentación de la corona. Para atarse las manos y no retroceder, para quemar las naves, en una palabra, buscaba a Rosario. No era el amor ciego y victorioso, sino la reflexiva cautela, lo que inspiraba a Flaviani su declaración bajo el cedro en el jardín. Sus mismas pa labras, que la muchacha descifraba ahora, lo probaban sobradamente. Bien decía Viodal: a Rosario le tocaba desempeñar el papel de la rémora, del obstáculo. Por ella y a causa de ella no alcanzaría Felipe el puesto a que tenía derecho hereditario. ¡Y qué puesto! Rosario entendía que ninguna aspiración podía compararse a la que renunciaba Felipe. ¡Reinar! ¡Un rey! ¡Sonora y misteriosa palabra, envuelta en púrpura y en oro!

La vieja sangre española hablaba en Rosario; el rey era sacro santo, era la majestad y el derecho, la persona a quien todos deben amor y abnegación, el dueño de vidas y haciendas... Después de Dios, el rey, y abajo del rey, ninguno... Al par que la española de raza, entusiasmábase la hija de Chile al saber que Felipe representaba, en su patria, la independencia... ¡La independencia! ¡Cuánta sangre vertida por ella; la del mismo padre de Rosario, que había muerto exhalando ese mágico grito! ¡Un rey! Felipe podía ser un rey, si no se echaba al cuello la cadena de un absurdo enlace... ¡Ah, Felipe María! ¡Rosario te salvará, y tú no sabrás nunca cuánto te ha querido la mujer que va a rehusar tu mano, que a su vez va a colocarse en la absoluta imposibilidad de hacerte daño, de atravesarse en la senda de tu grandeza y tu gloria!

Con uno de esos arrebatos humorísticos que a veces provoca el exceso de dolor, Rosario se rió. La risa era crispada, agria, discordante, pero Yalomitsa la tradujo a su manera.

—Ríete de los mochuelos... ¡Las despachaderas que les dio Felipe!

—De ellos me río, Gregorio —declaró, levantándose y paseando por el gabinete—. ¿Habían de poder más que nosotros? ¿Cuándo prevaleció nadie contra el arte, el arte sublime y divino? Yo he nacido artista, Gregorio, y artista moriré: solo con un artista puedo unirme, solo la vida del arte me lisonjea. Te prometo hacer a Felipe mucho bien, Gregorio... Ahora abre ese piano y toca ahí la música de la danza del chal... Estoy tan alegre, soñando en mi boda, que tengo ganas de bailarla.

Con un movimiento súbito, Rosario arrancó la flecha de oro que sujetaba su moño, y se desciñó la faja roja de crespón, para que hiciese de chal. Acordábase de la escena del final de Gioconda, y sentía no poder clavarse un cuchillo, muy agudo, que partiese de golpe el corazón, para que cesase de latir y de doler... Arqueando los brazos y cogiendo la faja por ambos extremos, comenzó aquella danza lenta y provocadora, de lánguidas inflexiones, que a veces tiene un giro rápido, como vuelo repentino de ave que se lanza al azul del cielo, y recae fatigada, columpiándose en una rama. Los negros cabellos sueltos exhalaban, al flotar en el aire, embriagador perfume de violeta, y la cabeza, echada atrás, oscilaba al ritmo suave del baile exótico... Yalomitsa reía candorosamente, hiriendo las teclas, mientras la banda roja describía espirales y venía a enroscarse al talle cimbrador de Rosario...

Al siguiente día, en la edición de la mañana del periódico La Actualidad, sección de los Ecos, que Dauff firmaba con el pseudónimo Topaze, se leían dos noticias: la salida para Vlasta del ilustre duque de Moldau, consultado con un célebre facultativo, y la boda concertada de un joven de novelesco y alto origen, con una beldad a quien servían de marco «los cuatro elementos», y de pedestal el arte... Y aquella noche, en la bandejita del correo, encontró Rosario una carta de letra desconocida; solo contenía estos renglones:

«Si no es usted ambiciosa y quiere de veras a Felipe Leonato, no se case usted con él. Y si es usted ambiciosa, lo mismo, pues casado con usted no le queda esperanza de llegar a ninguna parte».

Rosario sonrió amargamente al arrugar la carta y arrojarla con su sobre a la encendida chimenea. No era necesario el aviso, Sebasti Miraya; no hacía falta ninguna. Antes de recibir tu anónimo estaba bien decidida Rosario. Inútil añadir grados a la calentura de abnegación que la abrasaba. Tu aviso, Miraya, era un rasgo de habilidad; era contar atrevidamente con la generosidad de una mujer, cuya alma habías leído en su rostro; pero tu aviso llegaba tarde. Hecho un rebujo, cayó en el fuego, y en cada fragmento del papel se encendió una chispa de llama; tostados ya, adivinábanse aún letras.

En el espíritu de Rosario no quedaba, desde antes de leer el anónimo, ni sombra de incertidumbre, ni rastro de egoísta vacilación. Era preciso despejar la senda por donde marchaba Felipe, y pronto, y alegremente, o al menos con tal ficción de alegría que engañase a los más perspicaces. Y Rosario, llamando a su criada, dio varias órdenes terminantes y repetidas, pidió un ponche de rom y se acostó temprano. Al otro día se levantó febril, pero disimuló las huellas de la lucha moral con esos artificios de tocador que en la juventud son infalibles y después de pasada la juventud contraproducentes. Bañada, fresca, divinamente peinada, se vistió un traje flojo de lana blanca, que sujetó al talle con un cinturón de cuero bordado de turquesas. Preparada así, subió al estudio y encontró a Viodal esforzándose por rehacer la borrada cabeza de la Samaritana, inspirándose en la de una modelo, una jovencilla hermosa, pero de líneas poco nobles.

Se interpuso la sobrina de Viodal, y dijo afablemente a la pobre muchacha:

—Por hoy se ha terminado la sesión. Puede usted retirarse.

Apenas hubo descendido la caja de vidrio, volviose hacia el sorprendido pintor y exclamó con alarde de queja mimosa:

—¿De cuándo acá, tío Jorge, tienes tú para ese cuadro más modelo que tu Sarito? ¿Qué traiciones son estas? ¿Crees que me dejaré suplantar resignada?

—Hija mía —contestó el artista manifestando extrañeza—, no me parecía decoroso que la futura nuera de una testa corona da anduviese rodando por las Exposiciones..., en traje de hija de Samaria y de pecadora... El arte tiene sus fueros, pero no llegan a tanto. Yo respeto tu decoro.

—Mi decoro, y sobre todo, mi gusto, es que aproveches esta pobre cabeza, que no sirve para otra cosa, en tus cuadros.

—Para el tiempo que había de aprovecharla, Sari...

—Si tú quisieras... la aprovecharías toda la vida.

Viodal se incorporó, cogió de las manos a su sobrina, la llegó a sí, y mirándola de cerca y con inquietud, exclamó vivamente:

—Tú tienes algún disgusto grave, Rosario... En el eco de tu voz conozco las ganas de llorar, y que las reprimes... ¿Qué sucede? Vamos, explícate, sin cortedad...

—Tío, lo que sucede... Mira, sucede que estoy arrepentida de haber pensado en bodas. Te sobraba razón: era un desatino. Ni yo le convengo a Felipe María de Leonato... o de Flaviani... ni él me conviene a mí.

—Vamos —dijo Viodal chanceándose—, monos tenemos; riñitas de novios.

—No, tío, yo no gasto monos, ni riñas; hablo en serio... hasta cuando me río, hasta cuando canto y bailo. He reflexionado... también reflexiono... y antes se hundirá la bóveda celeste que casarme yo con Felipe María.

—Querida, siéntate —suplicó tiernamente Viodal—. Serénate; tus manitas arden. Me parece que tienes fiebre... ¿A ver? Vaya... —murmuró, aplicando la palma de la mano a las sienes de su sobrina—. Calentura, pulso alterado, de fijo... ¿Qué te ha hecho tu novio? —añadió frunciendo las cejas.

—Nada, tío, nada. No he visto más a Felipe desde que hablé aquí contigo. Di orden de que si venía a preguntar por mí, le dijesen que estoy indispuesta y que no recibo a nadie. Créeme; lo que me pasa es que he reflexionado. ¿Soy incapaz yo de hacerme cargo de las cosas? Tus advertencias eran el Evangelio: lo he reconocido, y se acabó. Para mí, como si Flaviani no hubiese existido nunca.

—¿Pero... sigues... queriéndole? —preguntó Viodal resistiendo heroicamente a sus impresiones de insensato júbilo.

—No sé —declaró Rosario—. A veces creo que te quiero más a ti. El dejarte era una ingratitud que, al fin y al cabo, me hubiese hecho desgraciada; a bien que no llegué a cometerla. Si me estimas, olvidemos este episodio... y tómame por modelo... y... y por lo que quieras... ¡Por lo que quieras!

—Piensa bien lo que dices, Rosario —balbuceó Viodal, sintiendo que no acertaba a dominarse—. No eres una niña que desconozca el sentido de las palabras que pronuncia. Tienes ya veintidós años cumplidos, y te has educado... un poco a la norteamericana. Yo paso de cuarenta. Soy un viejo. Si me haces soñar y después me despiertas... ¡Ah! Rosario, me das la muerte...!

No parecía en aquel momento Viodal ni viejo, ni siquiera un hombre maduro. Las arrugas y las tintas amarillentas que un padecimiento hepático había extendido sobre su cara larga y huesosa, inteligente y entristecida, desaparecían como por encanto al conjuro de la pasión. Sin duda era, más que un viejo, un envejecido, y la fuente del sentimiento corría viva y fresca debajo del marchito follaje de otoño. Ardorosas ilusiones transformaban su cara, chispeando en sus ojos castaños, llenos de luz, y dilatando sus labios todavía sinuosos y turgentes. La austeridad del método que Viodal había practicado, se revelaba en aquella fuerte y sana emoción, delatando un organismo rico aún de savia vital.

—También te daría la muerte al apartarme de ti —declaró Rosario, que necesitaba exaltarse en la abnegación—. No tengas miedo, no te despertaré. Yo sí que soñaba... disparates. Tú me abriste los ojos. No será Rosario Quiñones quien sirva de estorbo a mi marido. Yo estaba ciega. Ahora veo... ¡te veo a ti!

Una dulce mirada, límpida, inconmensurable como el sacrificio, completó la frase y envolvió al pintor, que con timidez suma se había aproximado a su sobrina, ocupando el ángulo del amplio diván, en esa posición que ni es estar sentado ni acabar de arrodillarse. Los que nunca esperaron una dicha grande la reciben, cuando llega, sin esa embriaguez y esa arrogancia provocativa y graciosa de los acostumbrados a ser felices. Viodal notaba en sí impulsos de pedir perdón a Rosario; de cuanto podía inspirar la seductora Samaritana, lo único que en aquel momento advertía el pintor era una compasión, una dolorosa piedad, como la que sienten las madres a la cabecera del hijo enfermo. El momentáneo arrebato amoroso declinaba a efusión espiritual, purificada, melancólica. Fue preciso que la misma Rosario alargase la mano, tomase la de Jorge, la acercase a su rostro y la besase santamente.

VIII. El Hilo

Mientras Rosario se arrojaba a la sima cerrando los ojos, Felipe María pasaba de la sorpresa a la extrañeza, de la extrañeza a la ansiedad y de la ansiedad a una exasperación furiosa. Las etapas de estos diferentes y sucesivos estados de ánimo, fueron como sigue.

Empezó sorprendiéndose al leer, en los Ecos de Dauff, que solía recorrer al vuelo antes de saltar de la cama y vestirse, la noticia de su boda con Rosario. A la impresión de sorpresa siguió la de extrañeza, en la cual entraba, sin que él se diese cuenta exacta de que era así, una especie de enojo: algo de apreciación malévola del hecho. Solo por la chilena había podido saberse la noticia, pues solo la conocían Rosario y él. ¿Era discreto en Rosario publicarla tan pronto, antes de comunicar a su futuro la opinión y el consentimiento de Viodal, antes de que la proposición la confirmase el pretendiente yendo a solicitar en toda regla la mano de la que amaba? Y Felipe, no acertando con otra razón de la ligereza de Rosario, la atribuía a un impulso de vanidad, al deseo de divulgar cuanto antes lo que la halagaba. Esta idea de Felipe era, en el fondo, una idea hostil, una idea antiamorosa; y lo que él no adivinaba era que el movimiento de desagrado al leer la noticia, nacía del mismo móvil que le había impulsado a refugiarse en el amor.

Desde la entrevista con los enviados de Dacia, el sedimento depositado en el alma de Felipe María subía fácilmente a la superficie. El trabajo que se verificaba en su espíritu nacía de que para Felipe había cambiado un sentimiento del cual se derivan necesariamente las acciones, a saber: el concepto de sí propio. Sin saberlo, quizás contra sus más firmes propósitos, Felipe María se creía otro... otro de lo que era antes, otro que el resto de la especie humana. Habiendo rehusado el alto puesto que se le ofrecía, no por eso dejaba de estimarse ya como legítimo dueño de él. Sus derechos existían y, estaban allí presentes, encarnados en su persona, unidos a un cuerpo mortal, pero consagrado, ungido por la sangre que llevaba en las venas. A la verdad, Felipe María no pensaba así; y sin embargo, así sentía. Los sentimientos no los elegimos se nos vienen, se crían como la maleza que nadie planta y que inunda la tierra. Y los sentimientos delátanse a veces en puerilidades sin valor aparente, en realidad elocuentísimas, reveladoras de la verdad psicológica, como ciertos síntomas leves denuncian enfermedades mortales.

Si Felipe María pudiese mandar en su corazón, traduciría de corrido impresiones al parecer indescifrables: vería por qué le había hecho tilín la pregunta de un servidor acerca del tratamiento; por qué le había molestado, como nos molesta el codo de un vecino de ómnibus, el familiar tuteo de Yalomitsa; por qué hombres que solo le habían hablado durante una hora estaban siempre presentes a su recuerdo; por qué los aires dacios y el himno de Ulrico el Rojo, en especial, le habían causado involuntario escalofrío de placer; y finalmente, por qué en la noticia de su boda, que publicaba La Actualidad como si tratase de un eco semimundano, sin fórmulas de respeto, cordialmente, percibía algo que le sonaba a impertinencia y le infundía tentaciones de decir cuatro frescas al periodista...

No porque Felipe María hubiese sido excluido de su rango social dejaba de sufrir la influencia de su origen. Si hay algo que imprima un carácter indeleble, es el sacerdocio y la realeza; y más aún esta última, porque está en la masa de la sangre. Las dinastías reales suele fundarlas un hombre de acción, capaz de conquistar y de vincular en su estirpe lo conquistado. Tiene esta clase de hombres, necesariamente sanguíneos, más vehementes las impresiones, más devorador el deseo, la voluntad más incontrastable que los demás humanos. Aunque la raza degenere, la costumbre de ser obedecidos conserva íntegra la fuerza de querer y el convencimiento de que sus indicaciones son leyes. Los de estirpe regia no son vanidosos: la vanidad es una torre sin cimiento; no son tampoco capaces de soberbia ni de grosería; por lo mismo que se reconocen a gran distancia de los demás hombres, no exhiben neciamente su personalidad y saben tratar a todos con exquisita cortesía y gran dulzura. Pero este mismo cuidado que ponen en mitigar su esplendor, dice a voces que no lo olvidan ni un segundo. Y la continuada preocupación de no herir la vista de los que la elevan para mirarles, les recuerda su propia elevación y cuanto les separa del resto de los mortales, como el cuidado de esconder la garra recordaría al león que la posee.

No había necesitado Felipe María adoptar tales precauciones, puesto que jamás le habían tratado como a persona real. No obstante, algunos amigos y conocidos suyos indicaban a veces que no le tenían por un ciudadano igual a otro cualquiera. La misma humillación infligida a su madre; los pasos, manejos y trámites que precedieron a la ruptura del matrimonio; los rencores de la mujer desdeñada y ofendida; las alusiones a sucesos que siempre vivían en la memoria, eran otras tantas causas de terminantes del carácter y la complexión moral de Felipe. De estos antecedentes dimanaba su afición a la vida refinada y retirada, que satisface la altivez y los instintos de independencia, y es un medio de situarse más arriba que la multitud. La injusticia, que a veces infunde resignación, otras veces afinca en el alma, como agudo y férreo clavo, la noción del derecho. Y la levadura vieja de la ambición maternal tenía que fermentar al contacto del aire que agitaban las palabras de los dos enviados...

Por eso Felipe deseaba embriagarse con el vino de la pasión. Quería defenderse de sí mismo, y no encontraba a qué asirse más que al atractivo de Rosario, contra el cual había luchado hasta entonces. Sabía que Rosario era mujer capaz de fascinarle hasta olvidarlo todo, al menos por algún tiempo, mientras durase la fuerte y dorada tela del amor completo e insaciable; y comprendía que, casado con ella, lo imposible, poderoso como la muerte, se alzaría a guisa de muro de bronce ante su secreta codicia de grandezas. Atarse las manos, bebiendo antes un filtro, era el propósito de Felipe al entregarse a Rosario.

Y, así y todo, le molestó la noticia en el periódico. Estaba a cien leguas de suponer que procedía del pintor la indiscreción. Al separarse en el jardín, Rosario y él habían convenido en no verse hasta que el tío conociese y sancionase, de buena o mala gana, los proyectos y deseos de su sobrina. Acordaron que, una vez enterado y notificado Viodal, Rosario pondría dos letras señalando hora para la visita de Felipe, y que esta visita sería oficial: petición en regla. Nada tenía de sorprendente que se retrasase tres o cuatro días el aviso de Rosario; lo que no podía compaginarse con el retraso era la noticia a boca de jarro de La Actualidad.

Había anunciado Felipe su resolución de no volver a los «cuatro elementos», pero no pudo contener la impaciencia y el afán de descifrar el enigma, y decidió presentarse en casa de Rosario: tal vez esta le hubiese escrito, y bien pudo acontecer que, por cualquier motivo, se extraviase la carta. La primera vez que llamó a la puerta de la chilena, contestáronle que la señorita estaba acostada, con una jaqueca insignificante. La segunda, dijéronle que, si bien experimentaba mejoría, Rosario no salía aún de sus habitaciones. La tercera fue la respuesta más alarmante y ambigua: la señorita no recibía a nadie. Felipe interpeló ya directamente a la doncella, mujer madura, seria, una dueña de teatro.

—¿Le ha dicho usted a la señorita que yo advertí ayer que volvería hoy? —exclamó, clavado en la antesala y con vehementes impulsos de forzar la consigna.

—La señorita sabe que el señor ha venido dos veces —respondió la doncella, con el aire de reserva que adoptan los buenos criados al despachar a personas que sus amos no quieren recibir, sin querer tampoco agraviarlas.

Entonces Felipe la miró con expresión altanera y glacial; retirose un paso atrás, extrajo del tarjetero una tarjeta, y doblando un pico al entregarla, pronunció secamente:

—Tenga la bondad de informar a la señorita de que vine la tercera, y que estoy, como siempre, a sus órdenes.

Bajó la escalera aprisa, pues temía que, a hacerlo despacio, creyesen que esperaba ser llamado; y ya en la calle, se detuvo a coordinar sus ideas. Lo que más le escocía en aquel instante era la rozadura en el amor propio; pero apenas empezó a recapacitar, creyó evidente que tal conducta, en la mujer que casi se había desmayado de felicidad al escuchar su proposición de matrimonio, no podía atribuirse ni a vulgar desaire, ni a infundado capricho, sino que tenía que encerrar un misterio, una razón oculta, pero poderosa, decisiva. Rosario se excusaba con jaquecas y males. ¿Por qué no admitir la excusa? ¿Quién era capaz de afirmar que la misma emoción no había alterado la salud de Rosario?

También podía suceder que Viodal hubiese prohibido a su sobrina recibir a Felipe. Esta hipótesis era inadmisible para quien conociese el carácter y los principios de Viodal; pero nadie hace justicia a sus rivales, y Felipe, revolviéndose contra lo que le pasaba, se fijó obstinadamente en la explicación más lógica en apariencia, y en realidad más absurda. Sin tardanza volvió a subir las escaleras y llamó al ascensor, decidido a explicarse con Viodal: pero era día de puertas cerradas; el ducho y provecto criado del pintor, que servía la caja forrada de raso, respondió a la pregunta de Felipe y a la orden de subirle, que el señor Viodal había salido.

Nada nos empuja a andar y movernos como el resquemor de la incertidumbre. Felipe sentía hormigueo en las piernas y picor rabioso en el alma. Empezaba a suponer que el tío y la sobrina se concertaban para jugarle aquella partida incomprensible. La idea era enloquecedora... ¿Qué hacer para salir de dudas? No cabía ni pensar en forzar puertas: un galantuomo no entra sino por las que de par en par le abren, y Felipe guardaba estrictamente, por altivez, por costumbre, el código de las conveniencias sociales, la ley, del buen gusto. Sin embargo, le sobraba derecho a una explicación, ¡y era preciso que se la diesen, y clara y categórica!

Hora y media hacía que caminaba exasperado, cuando las piernas le trajeron al centro de París, al hirviente y espléndido bulevar de Italianos. Delante de una puerta donde se leía en colosales letras doradas L'Actuelité, diole un empujón un hombre que salía precipitadamente, y que no era otro sino el cronista Dauff, petulante distraído, con su ancha barba roja y sus eternos quevedos de acero, que le habían abierto dos surcos amoratados, casi dos llagas, a derecha e izquierda de la nariz. Dauff, aunque era el culpable del encontrón, se volvió colérico, dispuesto, sin duda, a soltar un bufido; pero al conocer a Felipe María, la expresión de su rostro varió de un modo extraño; reveló preocupación o más bien inquietud indefinible. «Parece que se ha mosqueado al verme», observó Felipe, e instantáneamente, fijo en lo que le interesaba, relacionó tres hechos, que al parecer, no guardaban conexión, pero que debían de estar enlazados por hilos misteriosos: la noticia intempestiva publicada por Dauff, la encerrona de Rosario y Viodal, y la alarma del cronista, en otras ocasiones tan expansivo y hasta tan pegajoso.

Fue, pues, derecho a Dauff y le tendió la mano, demostración a la cual correspondió el otro no sin torpeza y recelo; y después del saludo, le interpeló como en bronca:

—Me alegro de encontrar al pontífice casamentero... ¿Quería usted escabullirse? No vale.

—Celebro que lo tome usted tan campechanamente —respondió Dauff tranquilizándose—. La verdad, esperaba una filípica...

—¿Por la noticia? —interrogó Felipe aventurándose, resuelto a tirar del hilo y que saliese el ovillo.

—Justo. Para usted habrá sitio desagradable, lo conozco; pero crea que tampoco a mí me ha sentado bien, y el director está que brama, porque es hombre que tiene la manía de realizar el imposible periodístico de la información impecable, ¡como si un diario fuese un documento! Cada noticia-buñuelo le atesta un ataque de bilis; figúrese usted cómo me habrá puesto... Ni por alegar que habiéndomelo dicho Viodal, Viodal en persona...

—¡Ah! —exclamó a su pesar Felipe María.

—¿Ve usted cómo usted mismo se admira? Vamos, si es de las cosas más extraordinarias... ¡Mucho ojo necesitamos los periodistas! Sí, señor; es mi justificación; habérselo oído a Viodal, que hablaba bien seriamente... Por fortuna no me lo dijo a solas; si no, hasta dudaría de mis oídos... Nordis estaba presente; como que del taller nos fuimos a almorzar juntos a ese figón con pretensiones que llaman café Riché... Y reconocerá usted que Viodal de todo tiene trazas menos de bromista. ¡No le rebosa a Viodal la alegría por los poros!

—Entéreme usted, Dauff —suplicó Felipe—. A ver si desciframos un caso tan singular, y que me interesa, como usted comprende.

—¡Naturalmente! —dijo echándola de sagaz el cronista, satisfecho de que Felipe no le increpase—. Si usted quiere, entraremos en el café del Gran Hotel y tomaré mi ajenjo; a eso iba disparado cuando tuve el gusto de encontrar a usted.

Ya con la copita de verde licor delante, el afrancesado alemán dijo sobándose su roja barba:

—Crea usted que yo estaba a mil leguas... Fue Nordis el que me recogió en su coche, y pensamos... no, si hasta la ocurrencia fue de Nordis... pasar un instante por los elementos, para ver cómo adelantaba el cuadro del Salón, que es de punta, aunque ese veleta de Loriesse ha dado ahora en la flor de rebajarlo sin piedad... Pues nada, subimos... y en vez de encontrar a Viodal trabajando en la Crucifixión, ¿qué dirá usted que hacía? Raspaba con un cuchillo la cabeza de la Samaritana...

Felipe María se estremeció segunda vez...

—Le reprendimos... ¡la cabeza era preciosa! ¡y un parecido con Rosario! Una mirada de voluptuosidad y de aspiración ideal, todo reunido... ¡no me pregunte usted cómo, ese es el secreto del arte! Yo, por costumbre ya, por el maldito oficio, le hice la pregunta sacramental: «¿Qué hay de nuevo?». Y al instante me soltó el escopetazo: «Mi sobrina se casa con Felipe María Flaviani». Mire usted, yo tenía mis barruntos... no precisamente de boda, pero de flirtación... y como Rosario es una mujer de esas por quienes no es de extrañar que arda Troya... lo creí... ¡Lo creería cualquiera! Lo único en que me he fijado... pero después, ¿eh?, no la echo de adivino... es en que Viodal hablaba como exaltado, como mortificado, con un tono raro y violento... ¡Pero Nordis... encontró una explicación plausible! Por mi parte me guardé bien de preguntarle a Viodal si la noticia era reservada. Temí que dijese que sí y perder un bonito eco sensacional. ¡Siempre el pícaro oficio!... Cuando salimos consulté a Nordis, que me trató de inocente, jurándome que Viodal solo deseaba publicidad y reclamo. «Como todos los artistas», añadió.

—¿Y no hubo más?

—Aquel día no. Hago mi eco, sale, estalla como una bomba... y al otro día, estando yo al rento, ¡pataplum!, Viodal entra como un bólido. «Que me maten —pensé— si no tenemos rectificación. Aguantemos el chubasco». ¡Pero sí, buena rectificación te dé Dios! Retractación es lo que se pedía. «¡Ha propalado usted una falsedad!». «Pero, querido artista —dije encomendándome mentalmente al santo Job—; ¿no ha sido usted mismo quién?...». «¡Por Dios, una chanza! No le hacía a usted tan poco perspicaz...». «Yo sí que no le hacía a usted tan bromista...». «En resumen, Dauff, es preciso, ¿lo entiende usted?, que La Actualidad desmienta rotundamente esa paparrucha...». «¿Usted cree que La Actualidad es algún molino de viento: ¡Bonito se pondrá el director!». «Sin cuidado me tiene; o se desdicen ustedes o les desmiento yo...». «Diremos que se ha deshecho la boda». «No, señor; que jamás se pensó en ella...». Francamente... estuve por mandarle a escardar cebollinos... que es lo que se merecía; pero el oficio le tiene a uno ya tan curtido y tan flexibilizado, que opté por calmarle, asegurándole que rectificaríamos, y rogándole solo que me dejase buscar una fórmula conciliadora para mi amor propio y para la infalibilidad del diario...

—¡Vaya un lance! —exclamó Felipe, fiándose en la locuacidad del cronista para saber lo demás.

—¡Un lance! Dos lances dirá usted... porque apenas acababa de volver las espaldas el pintor, cuando ¡paf!, me cae encima el otro... mi colega de Oriente... ¡y qué apremiante venía! Solo que este, al menos, alegaba razones... no era corto el otro, que después de que tuvo la culpa... ¡Ah! ¡Miraya es un mozo de chispa!

—Miraya vale mucho —asintió Felipe, que tenía el alma pendiente de los labios de Dauff.

—¡Oh! ¡Ese sí! Pues traía la misma pretensión... Que desmintiésemos... Pero fundada...

Y Dauff sonrió con una especie de guiño de inteligencia.

—Sí, fundada... —prosiguió viendo que Felipe no respondía sino con otra sonrisa—. He visto claro y he comprendido cómo la noticia tenía que molestarle a usted. Usted está en un caso distinto de todo el nutrido. Debo añadir que La Actualidad se encuentra dispuesta a hacerle a usted la campaña, no de frente, porque al fin es preciso guardar miramientos a Rusia, donde se nos lee mucho, pero con habilidad y bajo cuerda... Yo me encargaré de amansar al director... La Actualidad, en tres meses, populariza una causa en Europa...

Felipe no respiraba casi. Ya distinguía la luz que iluminaba aquel negro caos.

—¿Y sabe usted que es un chico muy simpático ese Miraya? —insistió Dauff—. Tiene talento. Conoce nuestra literatura... ¡pero a fondo! Se sabe mis Ecos de memoria. Me aseguró que trataba de adaptarse a ese estilo en *El Porvenir* daciano, un periódico del cual es lástima no entender ni la letra... Así y todo, traduciremos algo de su amigo de usted Miraya.

—Después de la entrevista con Miraya, ha comprendido usted bien que... —murmuró Felipe fingiendo paladear a su vez un sorbo de bitter.

—He interpretado —declaró con suficiencia Dauff—. Basta con pocas palabras... Al buen entendedor... Miraya me suplicó que fuese siempre muy cauto en las noticias referentes al «ilustre señor» Felipe María de Leonato, porque su condición de hijo de un monarca reinante le exponía a calumnias y complots de todo género. La boda —añadió— es, sin duda, un canard...».

«¡Y tanto! —respondí—, pero el autor del canard es el tío de la novia... y, acaba de estar aquí, para rogar que la desmintamos». «¿Lo está usted viendo?», gritó Miraya contentísimo. «Sí; pero una cosa es que lo vea y otra que, me lo explique. El proceder de Viodal es raro, cuando menos. Felipe debe de tener la clave... ».

—Le aseguro que no —afirmó Felipe en tono natural—. No he visto a Viodal hace lo menos... ocho días; y cuatro estuve en el taller por última vez, no hablamos nada que importase. Habrá sido una genialidad de artista.

—De artista... o de hombre... —indicó Dauff— porque le tenía trastornado el meollo su sobrina... Cuando uno es psicólogo... y perro viejo... esas cosas...

Reprimiose con esfuerzo Felipe. Dauff prosiguió:

—En fin, ¡me está costando una famosa jaqueca la tal noticia! Por eso me sobresalté al encontrarle. Creí que también usted venía a hostigarme para que desmienta... y como hace días que batallo con el director... y no adelanto una pulgada... Tres acometidas le he dado... por cierto que en una de ellas estaba allí en su despacho el conde de Nordis, que me defendió, que salió garante de mi veracidad... y nada, que La Actualidad no es ningún zarandillo, que no vale la pena, que ya se desmentirá por sí misma la noticia si es falsa, que peor para Viodal si gasta bromas necias, y que así se mirarán antes de cantar a un periodista una grilla y comprometer a un periódico serio... Este es el conflicto, y gracias que no lo agrave usted... No olvide que La Actualidad es la lanza de Aquiles... ¡Podemos hacer subir el papel Leonato!...

Un cuarto de hora después, parado Felipe ante el escaparate de Goupil, como si admirase las curiosas estampas, solo pensaba en lo que ya creía evidente: la complicación traída por los celos de Viodal, y mezcladas con ella las maniobras de Miraya y del conde de Nordis... ¡Pero Rosario! ¿Qué papel jugaba en esta intriga Rosario? ¿Era cómplice de su tío? ¿Le había dado ella la noticia de su boda? ¿Era ella también la que le encargaba de desmentirla? Y si era inocente, ¿cómo guardaba silencio, cómo no enviaba dos renglones, cómo se parapetaba tras de su encerrona, cómo despedía a Felipe en la puerta?

—Será preciso acabar de desenredar la madeja, cueste lo date cueste —pensó, mientras la duda y la sospecha cruel le hacían zumbar el cráneo.

IX. Miraya se insinúa

Felipe tomó un coche para llegar a su casa sin dilación. Encerrose en el despacho-biblioteca, y apoyando los codos en la mesa escritorio, pensó, discurrió, redactó mentalmente una carta, la trasladó después al papel, y, descontento, pareciéndole que allí no se concentraba bien la médula de su intención, desgarró dos o tres borradores. Al fin sacó uno en limpio, y, cerrado el sobre, lo selló, hincando en el blanco lacre un precioso camafeo griego, engarzado en un mango de oro. Después llenó un petit bleu. Llamó y encargó a Adolfo el pronto despacho de ambas misivas, una que debía entregarse en propia mano, otra telegráfica.

Como medio de entretener su impaciencia y rastrear algo del misterio en que se envolvían los sucesos más recientes, se le había ocurrido llamar a Sebastián Miraya. El hecho era innegable; a pesar de su repulsa, Miraya seguía considerándole candidato al trono. ¿Qué podía hacer Miraya en París sino continuar sus trabajos iniciados, llevar adelante la conspiración felipista?

—Después de todo —se decía Felipe—, en su lugar, acaso hiciese yo otro tanto. No es obstinación, es patriotismo, en ellos, el no desalentarse y, el buscar medio de comprometerme. Miraya recibe, sin duda, instrucciones y recursos de allá... Lo que me extraña es que no hayan intentado volver a verme... ¡Con qué dureza les recibí! —Y la idea de conversar con Miraya causó a Felipe una de esas impresiones de exaltación pasajera y grata que siente: la mujer cuando encuentra en alguna parte, impensadamente, al enamorado que desairó y que la quiere todavía...

A Miraya iba dirigida la esquela-telegrama. Recordaba las señas del hotel del periodista, y con reservada fórmula le señalaba hora para aquella misma noche, y si no para la mañana siguiente. Al dar este paso, Felipe creía, con cierta buena fe, que obedecía únicamente al deseo de interrogar a Miraya sobre la famosa rectificación. Capaz sería de decir que le calumniaba quien asegurase que, al intentar aproximarse a Miraya después de una despedida que parecía definitiva, le arrastraba el imán de un sueño de grandeza, el fiat apagado de la voz que se recata en lo más hondo de nuestra ciega voluntad...

No se equivocó Miraya en este punto al recibir la tarjeta. Una sonrisa de triunfo brilló en su inteligente y plebeya boca.

—Muerde el cebo... —pronunció en alto, con jubilosa entonación. Y cinco minutos antes de la hora señalada, con la puntualidad excesiva que es de rigor en las audiencias, Miraya llamaba a la puerta de Flaviani y decía desenfadadamente: «Anúncieme usted a Su Alteza». Y Adolfo, cogiendo la ocasión por los cabellos, se apresuró anunciar, sin la menor protesta por parte de su amo: «El señor Miraya desea saber si Su Alteza puede recibirle».

Introducido en el fumadero, Miraya aceptó una taza de café exquisito, una regalía y una copa del famoso cognac de naufragio. Peros momentos después de la llegada del periodista, tocó Felipe el timbre de plata y dio a Adolfo esta orden inverosímil: «Si viene por casualidad Yalomitsa... decir que he salido y no dejarle pasar de la puerta». Y Adolfo, criado modelo, no pestañeó al contestar impasible: «Bien está».

Vacías las diminutas tazas, encendidos los tabacos, en el recogimiento de aquel mismo fumadero oriental, en cuyas telas de colorines parecían jugar aún las bravías y estridentes notas arrancadas por el bohemio al violín y el cántico feroz de Ulrico el Rojo, Felipe dijo a Miraya:

—¿Adivina usted la causa de que le haya suplicado que viniese?

—Señor... —contestó Miraya, pesando sus frases—. Mis deseos pueden engañarme, y temo que Vuestra Alteza me despierte de un sueño halagador. ¡Ah! Si Vuestra Alteza me llamase para decirme que, en un momento de abnegación, nos otorga lo que le hemos suplicado, el día de hoy sería una gran efeméride en la historia de Dacia. ¿Y por qué no? Una inteligencia como la de Vuestra Alteza debe de ser el mejor consejero.

—Maldito si he pensado en política, Sebasti —respondió Felipe, sin notar que aquellas palabras evasivas dejaban abierta la puerta a todas las suposiciones que Miraya consideraba halagüeñas—. Crea usted que la política andaba por las nubes cuando se me ha ocurrido molestar a usted.

—Entonces, también adivino —respondió Miraya, apoyando como al descuido en el significativo adverbio—. Apostaría la cabeza a que se trata de cierto eco de La Actualidad. Dauff, cumpliendo un deber, habrá venido a excusarse con Vuestra Alteza...

—Me pinta usted un Dauff visto al través del entusiasmo dacio... No, Miraya... Le tropecé casualmente en el bulevar... y platicamos un poco...

—Plática desagradable —declaró Miraya sencillamente—. La noticia era una impertinencia del género nocivo. ¡Y tan nocivo! Si yo lo dudase, me bastaría la actitud de Nordis...

—Sí, Nordis parece que intervino... Por cierto que no me explico bien su papel...

Sacudiendo la ceniza, Miraya respondió, como si hablase consigo mismo:

—Bien montada tiene la policía el gran duque. Ocho horas después de nuestra salida, tomaba el tren para París ese conde de Nordis, que es el brazo derecho y el factotum de nuestro enemigo. La cartera de Nordis venía atestada de letras y billetes, de seguro; porque el gran duque sabe que hay momentos en que un franco vale un luis...

—Hágame usted el favor de aclarar todo esto —exclamó Felipe—. ¿Para qué ha traído dinero Nordis? Me parece que el combatir la candidatura de una persona que empieza por renunciar; no exige grandes dispendios...

—Señor, el hermano del rey, no comprende que Vuestra Alteza haya podido renunciar... Le inquieta el movimiento que se ha iniciado en Dacia. Es pasmoso... digo, no, es natural; porque la idea estaba madura, y solo faltaba la chispa que inflamase la pólvora... Un ejemplo: el gran duque había prohibido la entrada en Dacia de un solo retrato de Vuestra Alteza. Pero yo revolví todos los taller es de fotografía de París, a caza de un buen cliché. En casa de Nadar descubrí uno soberbio, de busto... lo que se deseaba. Encargo copias... ¡Este París! En pocos días, centenares... Y allá van las copias, y a estas horas las damas de Dacia tendrán en su gabinete la foto-grafía, adornada con lacitos de los colores nacionales, rojo y blanco... Los lacitos se me ocurrió que fuesen de aquí también. Servirán de divisa a los felipistas... No estoy descontento de la idea. El sorprendente parecido de Vuestra Alteza con el rey nos da andado la mitad del camino.

—Yo suponía —observó Felipe, dejándose llevar insensiblemente a donde quería Miraya— que en el país no conocían mi existencia...

—Mucho se ha trabajado para que así fuese, pero hemos roto la telaraña. Hoy el pueblo, la nación, la opinión verdadera, y sobre todo los que desean tener una patria independiente, cifran sus esperanzas en Felipe María. El hecho de la coalición es bien significativo. Ni el duque de Moldau puede sufrirnos, ni nosotros resistimos a ese partido fanático y de estrechísimo criterio, que desea volvernos a los tiempos de Ulrico; y, sin embargo, nos hemos aunado sinceramente. El clero católico, temeroso de que Rusia imponga a Dacia su confesión cismática, es en masa de Vuestra Alteza. Y el mismo ejército —el gran baluarte del príncipe Aurelio—, el mismo ejército... no puede adivinar que lo tenemos minado. Por hoy, los felipistas no se dan cuenta de su fuerza; temen y se recatan en la sombra; es nuestro período de las Catacumbas. Ya saldremos al Sol, y bien pronto. Con la aquiescencia de Vuestra Alteza...

—No he dicho eso, Miraya —objetó Felipe.

—No hace falta decir: basta no oponerse abiertamente —se apresuró a declarar Miraya—. El no oponerse es en Vuestra Alteza un deber de conciencia... Perdón si me expreso con tanta libertad. No le pedimos que alce la bandera; ¡pero no nos la arranque de las manos! Nosotros la tremolaremos; nosotros se la entregaremos triunfante.

—Otro pero, Miraya... y no se exalte usted; ahora, a sangre fría, debe usted comprender que yo tengo razones poderosas...

—Señor, razones no... ¿Se me permite hablar atrevidamente? Pues lo que tiene Vuestra Alteza son sentimientos, son heridas del alma, son quemaduras de agravios, son tristes recuerdos de la niñez y de la primera juventud... Cosas individuales... En cambio, los intereses que representa Vuestra Alteza, son colectivos, generales: el porvenir de un pueblo noble y ansioso de progreso. ¡Ah! ¡Y Vuestra Alteza lo comprende!... ¡Si una... persona... muy desgraciada... pudiese volver a la vida... aconsejaría a Vuestra Alteza el olvido y el perdón!

—Le ruego a usted —exclamó Felipe rehuyendo por segunda vez una contestación explícita, que era cuanto anhelaba el insinuante orador—, que dejemos eso. No me siento en vena de pensar en nada colectivo... como usted dice... Tiempo hay de hablar largo y tendido de política...

—Lo habría, señor —insistió Miraya—, si Vuestra Alteza no cerrase la puerta a su más adicto partidario... Mal podemos hablar, si no me es permitido ver a Vuestra Alteza. ¡Y qué interesante va a ser ahora la política de Dacia! Aquello está en punto de caramelo fino. Permítame que venga alguna vez... o mejor dicho, que nos encontremos por ahí, lo cual sería preferible, a causa de la bien montada policía de Nordis. ¡Convendría tanto que creyese ese hombre que Vuestra Alteza ignora lo que se trabaja allá!

—Usted decía —preguntó Felipe volviendo al punto de partida de sus preocupaciones— que Nordis, en la cuestión de La Actualidad...

—El papel de Nordis en todo estor es más claro que la luz. Las circunstancias no le han permitido emplear su sistema cauteloso de otras veces. Dauff, que es un parlanchín, me ha puesto a mí sobre la pista. Parece que estaban los dos en el taller del pintor Viodal, o, como aquí dicen, en los Cuatro elementos, cuando el pintor, no se sabe por qué, anunció que su sobrina...

—Se casaba conmigo —añadió Felipe.

—Justo... ¡Figúrese Vuestra Alteza el regocijo de Nordis! Como que la noticia le hacía a él la jugada... Ya veía nuestro partido en Dacia hundido, disuelto, y la candidatura felipista desechada como tantas soluciones efímeras... Al salir de allí no tuvo Nordis más que soplar sobre la natural ligereza de ese Dauff, que es un botarate de raza sajona, un botarate pesado, es decir, botarate dos veces... ¡A trompetear la nueva, a lanzarla a los cuatro vientos! Y Nordis se retiró frotándose las manos y dando gracias a la suerte caprichosa: como que había encontrado en Vuestra Alteza el mejor auxiliar, y ya consideraba la batalla ganada definitivamente, y podía pedir la cuenta en el hotel, echar las correas a la valija y decirle al gran duque: «A dormir a pierna suelta, esperando que el rey cierre el ojo».

Felipe mordió ligeramente su bigote rubio. Empezaba a trabajar en él ese sentimiento singular, pero tan humano, que nos impulsa a dirigir nuestra conducta, no por el móvil del propio gusto, sino por el del disgusto de nuestros enemigos.

—Sale la noticia y cae en Dacia como una bomba el telegrama de la Agencia... Empiezo a recibir telegramas yo también, con preguntas veladas; Stereadi me escribe, en cifra convenida, una carta que parte el corazón... Aquí la tengo; se la leeré a Vuestra Alteza después... Yo, a la verdad, no sabía qué hacer ni qué decir... A la ventura me voy a ver a Dauff, y, ¡cuál sería mi gozo al oír de sus labios que el mismo Viodal desmentía, y con obstinación y empeño, el canard... que ya le podemos llamar así! Entonces... como sobre ruedas, señor; no había más que rectificar, nos traía ventajas el mismo error, porque en Dacia lo atribuían a manejos de nuestros enemigos... Pero habíamos contado sin la huéspeda... La huéspeda es Nordis... Se ha metido en el despacho del director de *La Actualidad*... y al salir de allí el agente del príncipe, el director se negaba terminantemente a la rectificación... Esto es un mal; por mucho que yo desmienta escribiendo allá, nada equivale a la palinodia del mismo periódico.

—¿Y cómo ha conseguido Nordis?...

Miraya se rio alto, de un modo bien poco cortesano y hasta poco cortés, y haciendo un ademán expresivo, frotó el índice contra el pulgar.

—Ya les he dicho a Stereadi y a los otros, a los antiguos, a la gente adinerada y sólida, que no sean tacaños... pero hasta hoy lo han sido... Y el que quiere conseguir algo, tiene que aflojar... Que reciba yo mañana el trigo que me anuncian, y verá Nordis si puede sostener el embuste. ¡Ah, señor! —continuó con efusión casi lírica y variando de tono—. ¡No temo yo a Nordis, y hasta creo que le venzo sin recursos, con tal que Vuestra Alteza no me lo impida! Fuerte contra todos, débil contra uno solo...

Felipe no respondió más que ofreciendo al periodista otra copa y un puñado de cigarros. No quería enterarle de nada que a Rosario se refiriese; no sospechaba que Miraya había seguido a la chilena el día de la entrevista en el jardín, ni menos que la hubiese escrito aquel anónimo, en el cual creía el periodista adivinar la razón secreta de que Viodal desmintiese la noticia divulgada por él mismo... Mientras Felipe, a pesar suyo, sufre la influencia de esas simpatías y de esos odios que desde un lejano país vienen a buscarle, Miraya ve en su camino un obstáculo: una mujer morena, de inmensos y ardientes ojos, de silueta airosa y perturbadora... ¡Ya lo había adivinado él! Barco que no sigue la corriente...

—No crea Vuestra Alteza —indicó, mientras echaba sueltos en el bolsillo los exquisitos cigarros—, que en Dacia se han forjado la ilusión de que sea un santo el príncipe heredero. Puede que los del partido antiguo —aunque por cuenta propia no dan el ejemplo más edificante— se asustasen de cualquier futesa... Lo que es los nuestros, casi creo que se alegrarían de saber que Vuestra Alteza... en fin... es como los demás débiles mortales... ¡No faltaría otra cosa! Las cuestiones de mujeres..., ¡pch!.... no tienen...

Detúvose Miraya, porque había visto a Felipe fruncir el ceño, y comprendió que estaba en terreno resbaladizo y peligroso.

—¡Un matrimonio, en cambio, es tan grave! —añadió suspirando, como si le apenase la severidad del deber—. ¿Y qué se le figura a Vuestra Alteza? ¿Que los dacios no habían soñado ya con algo que sería un golpe decisivo? En Vlasta se venderán pronto retratos de la princesa de Albania, al par que los de Vuestra Alteza, con sus correspondientes lacitos blancos y rojos... Albania, sostenida por Austria e Italia, desde hace años, contra Rusia, es para nosotros el símbolo de la independencia. Unir el principado de Albania a la corona de Dacia constituye parte de nuestro sueño nacional. Con el enlace albanés, ni dos meses resiste el partido de Aurelio; habríamos consolidado el triunfo... En fin, ya sé, señor, que, por desgracia, somos unos locos, unos ilusos, a quienes extravía el amor de la patria... ¿Me permitirá Vuestra Alteza el consuelo de hablarle algunas veces... o me expulsa ya para siempre?

—¿Tiene usted teléfono en el hotel, Miraya?

—Sí, señor —respondió el periodista, estremeciéndose de gozo—. Y esperaré todas las mañanas... hasta la una... las órdenes de mi príncipe. En cuanto a la rectificación de *La Actualidad*... o mucho me engaño... o ya veremos si de esta vez me río de Nordis.

X. Tormenta

El criado de Felipe tenía orden de no volver de casa de Rosario sin respuesta a la carta que llevaba. A fin de evitar que le dijesen que la sobrina de Viodal había salido, escogió la hora de la mañana para entregar la misiva. Volvió poco antes de las doce y entró, asaz mohíno, en el despacho donde Felipe tenía abierto un libro, pero no leía. Y a la afanosa pregunta de su amo, respondió con visible temor de ser reprendido:

—La señorita Rosario dice... que ya contestará.

—¿No te ha dado nada? ¿Es que no has aguardado?

—He aguardado más de una hora... Y el viejo del ascensor es el que vino dos veces a decirme que era inútil esperar, que ya mandarían aquí la respuesta...

—Bien, vete...

Una exasperación violenta se apoderó de Felipe; una ola de ira le inundó el cerebro, quitándole la razón. Quedábale el discernimiento suficiente para comprender que estaba loco, pero no la fuerza de voluntad para dominar el acceso de esa locura. No podía explicarse la conducta de la chilena, y el misterio y el silencio le sacaban de quicio. En aquel momento no pensaba en Dacia, ni en los manejos de Nordis, ni en los centenares de retratos con lazo blanco y rojo, retratos suyos emparejados con los de una princesa a quien solo había visto, Hacía dos o tres años, en un grabado de Ilustración... Borrose este espejismo, y en cambio se alzó la pasión irritada por las contrariedades y los recelos, como león a quien le falta la pitanza.

La imagen seductora de Rosario le visitó, en forma de obsesión de los sentidos y la voluntad, y por un momento, creyéndose solo, Felipe María, presa de una gran excitación nerviosa, se tiró de los cabellos y se mordió con rabia las manos. La sangre italiana, demostrativa, aparecía en aquella crisis súbita... De repente sintió que le abrazaban, que le decían palabras cariñosas, cual las que se dicen a un niño; y rehaciéndose, abochornado de haber sido visto en tal desorden, se encontró con Yalomitsa... El bohemio, a pesar de su color cobrizo, parecía pálido, y los mechones serpentinos se deshilachaban lacios y revueltos sobre sus hombros; su mirada expresaba compasión y desaliento.

—Cálmate —decía—, Lipe, querido, cálmate, ríete de las mujeres... ¡no te des al diablo por ellas! Vamos, vente conmigo, voy tocar todos los aires dacios que quieras... Puede que así llores... y te sosiegues... Ya sabes la virtud sedante de la música... y del llanto...

—Gregorio —exclamó Felipe María, serenándose de repente—, tú me traes noticias de Rosario. Habla, te lo suplico... Suéltalo todo... ¡Venga la verdad!

—¿Y me prometes... no romperte la cabeza...?

—¿No ves que lo que necesito es la verdad, la realidad, los hechos? Hace días que me encuentro delante una pared, dura, ciega y sorda. ¡La verdad! Solo la verdad puede apaciguarme... Habla —añadió mientras una ligera espuma asomaba al canto de su boca—. ¿Vienes del estudio?

Yalomitsa dijo que sí, con la melenuda cabeza.

—¿Has hablado con Rosario?

—Y con Viodal.

—¿De mí?

—Y de ellos.

—¿Qué sucede...? ¡Ea, que aguardo!

—Sucede... ¡vamos, parece una pesadilla!, ¡que Viodal y Rosario están preparándolo todo para casarse!

Felipe guardó silencio. No pestañeó. Sus azules pupilas se dilataron y las alas de su nariz palpitaron un instante, como las del tigre que olfatea la presa. Abrió y volvió a cerrar maquinalmente el puño de la mano izquierda. Fue un segundo nada más; al punto se aplomó y consiguió sonreír, con unos labios blancos, espumantes aún, pero ya sujetos a la voluntad.

—Gracias, Gregorio, ahora me siento tranquilo. Cuéntame eso; siéntate; has de almorzar aquí, de modo que no tienes prisa. ¿Se casan, dices? No extrañes si me asombro algo, porque...

—Porque es una indignidad, una traición de judas —interrumpió Yalomitsa desatándose, como el agua cuando se abre la esclusa—. Yo creí a Viodal un hombre honrado, y ahora le tengo por un redomado pillo. Y Rosario, que me parecía una criatura celestial... es ni más ni menos que una mujer luciferina... ¡Si supieses, Lipe, si supieses que hace pocos días, casi puedo decir pocas horas, me prometió a mí, a mí mismo, Gregorio Yalomitsa en persona, quererte, casarse contigo! ¡Y estaba tan alegre, tan alegre... que hasta bailó la danza del chal, la que bailaba Fatma en la Exposición!

Felipe cerró los ojos; una visión deleitosa acababa de recordarle las posturas, los lánguidos movimientos de Rosario en esa danza que a su vista había ejecutado una vez en el taller; y el recuerdo le quemaba de tal modo el alma, que sentía un deseo incontrastable de destrozar alguna cosa, de herir, de matar. Sin embargo, el orgullo le sostenía; no quería aparecer ridículo ni débil; y por lo mismo que su estado interior era realmente espantoso, tenía el valor de encerrar lo que sentía y de conservar una calma engañadora en la superficie. Había adoptado, en un instante, una resolución, y para las personas en quienes el amor propio es firme, y ardiente la sensibilidad, la resolución, una vez tomada, responde de la sangre fría absoluta: ya no se lucha con el pensamiento, ya no hay indecisiones; solo se necesita energía para realizar lo pensado... Y energía le sobraba en este caso a Flaviani: la tenía por herencia, como se tiene un rasgo de belleza o una singularidad física; era el atavismo de la raza real, que no podía faltarle en el momento crítico, y que ha sido causa de que los reyes, aunque en la vida diaria se manifiesten irresolutos, blandos de carácter, en las horas supremas recobren un vigor, una fortaleza y una dignidad, que son admiración de la Historia cuando narra la muerte de un Carlos I o de un Luis XVI. Si lo que pensaba ejecutar Felipe es lo que suele ocurrírsele a los celosos, la manera de realizarlo fue una prueba de dominio sobre sí mismo, de fuerza soberana. La frialdad de que se revistió repentinamente, hubiese engañado, no a Yalomitsa, que no era difícil de engañar, sino al más sagaz de los observadores.

—Gregorio —dijo consiguiendo igualar absolutamente el metal de voz—, no te exaltes, y entérame bien y despacio de todo eso que has averiguado. Mira, ya se me pasó el berrinche. No tengo nada que oponer a la voluntad de Rosario, si quiere casarse con su tío; pero como la noticia es inesperada, hasta dudaré de ella y creeré que has entendido mal, si no me informas de lo que has averiguado y visto. Quizás se trata de una alucinación o de una aprensión... o de una broma de taller.

—¡Ay, Lipe! cuando te pones así... me crispas los nervios; te prefiero cuando pateas y te tiras del pelo y echas espuma... Entonces me gustas más. No parece sino que Yalomitsa es algún babieca. ¿Quieres oírlo? Pues ahí va. Entro en los Cuatro elementos... y lo primero que me echo a la cara es Rosario, con la túnica color de azafrán de la Samaritana, y a Viodal rehaciendo la cabeza que había borrado con el cuchillo. Ella volvió la cara, supongo que por no verme —¡remordimientos!— y él, muy contento, me consultó acerca de la expresión del rostro, que en su opinión había ganado. Entonces yo, inocentemente, fundándome en el suelto que había leído en La Actualidad, voy y digo como la cosa más sencilla: «Ese cuadro será regalo de boda... ¿eh, Rosario?». «Ese y todos los que ella quiera», salta el tío, como si le tocasen a un resorte. «Pero mi futura —añadió con una especie de retintín— tiene demasiado gusto para no preferir, a los cuadros de su novio, los de Millais; y ayer me han propuesto comprar uno, que es una cosa espléndida». Yo debía de estar grotesco, con la boca y los ojos abiertos así, de una cuarta; pero Rosario, en vez de reírse, seguía escondiendo la cara, contemplando los mamarrachos de la chimenea gótica. Entonces no pude reprimirme, y estallé. «¿Qué jerigonza es esta? ¿Con quién te casas, Rosario? ¿Si sabré yo leer? La Actualidad anuncia tu boda con Felipe María Flaviani». «La Actualidad se equivoca», respondió ella, encarándose conmigo y echándome unos ojos... ¡qué ojazos! ¡dos volcanes! «No entiendo; a ver, repite...». «Repito que me casaré con Jorge... y que no veo motivo de asombro en ello, Gregorio, porque se me figura que le quiero lo bastante...». «¿Es de veras?», pregunté a Viodal. «Rosario lo ha resuelto», contestó hipócritamente, ¡como si yo no supiese que él es quien la está asediando toda la vida!

—Eso es tan exacto, Gregorio —declaró con yerta indiferencia Felipe—, que la gente ha llegado a suponer otras cosas peores... ¿No las has oído tú?

—Francamente... —tartamudeó el bohemio—, oírlas... sí... pero las he creído siempre maldades...

—Y ahora, Yalomitsa... ¿qué piensas? Dímelo en tu conciencia y en tu alma.

—Ahora... ¡No, no es posible, Felipe! ¡Aquellos ojos, aquella cara!... ¡mentir hasta tal punto! Felipe, me sangra el alma de pensar que esa criatura tan hermosa...

—¿Pues no decías hace tres minutos que era una mujer luciferina? ¡Veleta! Oye, Gregorio; en todo esto no hay más que una cosa mala e intolerable: que ese pintor, en tan buena inteligencia con su sobrina, se haya permitido anunciar en los periódicos que yo me casaba con ella.

—¿Pero es Viodal quien?... —exclamó atónito el bohemio.

—En persona. Lo sé de cierto, con datos irrecusables. Ya ves que eso no puede pasar. Muy dueña es Rosario de querer a quien le plazca, y su tío de casarse con ella... pero no de ponerme a mí en berlina, ignoro con qué fines... ini me importa! El hecho me basta y el hecho me obliga a tomar mis me idas...

—Es una burla indigna, una farsa indecente... iEse Viodal debe de estar loco! —gritó Yalomitsa enfurecido.

—Loco o no... En fin, ya despejaremos la incógnita. Hazme el favor, Gregorio, de pasar al fumadero y espérame allí. Que te den pipas, que te sirvan cognac... Dentro de un cuarto de hora, almorzaremos.

—No hagas un disparate, Lipe. Ríete de los bribones... y de las serpientes bonitas también...

—No tengas miedo... Anda, fuma y espérame...

Solo ya, Felipe escribió tres cartas. La primera, dirigida a Jorge Viodal, era seca, sonora y brutal, como un bofetón. Ningún hombre que tuviese sangre en las venas la recibiría sin encenderse en furor y aceptar el reto. La acción de lanzar a la publicidad la noticia de una boda, estando concertada otra para la misma mujer, y siendo el propalador de la noticia de su enlace con otro hombre el mismo que tenía dispuesto casarse con ella, recibía los calificativos más insultantes y duros; y en el párrafo final, Felipe María anunciaba al pintor la visita de dos caballeros que irían, no a debatir la ofensa, sino a ponerse de acuerdo para la reparación. «Si no quiere usted que redoble mi desprecio hacia el proveedor de canards de la prensa parisiense, admitirá usted sin objeción mis condiciones para este lance». El tono de la carta era el mismo desde las primeras líneas: agresivo y feroz, a fin de que Viodal no pudiese desconocer el propósito de Felipe, o aparentar que lo desconocía. «Que entienda bien que la burla no quedará impune». Cerrada la misiva para Viodal, Felipe María escribió otras dos, una al marqués de Sillery, antiguo amigo suyo, clubman, otra a un joven oficial de húsares, Carlos Daubée, a quien había conocido en Arcachon, mozo valiente, ligero de cascos y puntilloso en casos de honra. Encargabales a los dos que solicitasen de Viodal una reparación, pero seria, hasta que uno de los adversarios quedase inutilizado de verdad. Al dejar la pluma, respiró mejor; y, aprisa, buscó en el cajón más secreto del pupitre una fotografía de Rosario, magnífica prueba en que la chilena lucía el disfraz romántico de española que llevaba en el baile de trajes: la chaquetilla torera, la faja, el calañés torcido, la redecilla que recoge el crespo cabello. Al mirar aquella imagen, sintió vértigo Felipe; las líneas tentadoras del hermoso cuerpo, la luminosa sonrisa, los ojos grandes como abismos de placer, le causaron un paroxismo de rabia y le hicieron rechinar los dientes como un preciso que ve la gloria. Desgarró el retrato y lo pateó. Recobrando después su máscara de tranquilidad, pasó al fumadero, y diez minutos más tarde almorzaban él y el bohemio mano a mano, mientras las cartas iban a su dirección, calladas y rectas como van las balas en el combate.

XI. El rayo

Rosario estaba sola en el vasto hall. Por instinto había ido a acurrucarse junto al fuego. Sentía aquella mañana, en lugar de la amarga embriaguez de sacrificio de los días anteriores, un cansancio, como una náusea invencible de su abnegación. La causa era sencilla: no era preciso quebrarse mucho la cabeza para adivinarla. Hasta la víspera, ningún detalle había recordado a Rosario que el hombre a quien miraba como a su padre iba a adquirir sobre ella otra clase de derechos. Casarse con Jorge, la parecía buenamente continuar viviendo a su lado; porque el pintor, en virtud del mismo exceso de su pasión, por la delicadeza inseparable del verdadero cariño, por el sentimiento de dignidad que trae consigo la madurez en las almas escogidas, paternalmente seguía tratándola; ni aludía a la empeñada palabra de matrimonio. En la conversación con Yalomitsa, fue la misma Rosario quien, por un alarde de estoicismo y para quemar sus llaves y dar parte a Felipe de que estaba libre, había puesto en conocimiento del bohemio sus planes de boda.

Mas, la víspera, recibió Viodal una carta que le agitó extrañamente. Rosario, que la vio llegar, sospechó que era de Felipe; conocía la forma y el color del papel, el sello, todo; por primera vez pensó que había hecho mal en irritar a su enamorado con el silencio y el abandono mudo, que parecía desdén; comprendió que no basta cerrar los ojos y echarse al precipicio, sino que hay que mirar cómo se cae, para no arrastrar consigo a los demás.

Caviló en que debía de ser terrible la cólera de Felipe, y que podía recaer en Viodal fulminante e implacable; adivinó, en suma, lo que no era difícil adivinar, conocidos los antecedentes. El pintor guardó la carta, llamó al criado, y le dio algunas órdenes reservadas. Rosario no interrogó a su tío; estaba segura de no conseguir respuesta, o por lo menos de que no le dirían la verdad. Decidió observar, y observó con ardorosa inquietud.

Notó que Viodal almorzaba poco y a medio diente; reparó también en que, después de haber almorzado, en vez de volverse al hall para trabajar en una figura que tenía bien planteada en el cuadro, se retiraba a sus habitaciones y salía de ellas vestido de calle, con sobretodo claro de cuello de castor, sombrero de copa, guantes y paraguas. A las tres de la tarde le veía regresar, acompañado de Loriesse y del conde de Nordis. Como Rosario pretendiese subir con ellos al estudio, se opuso el pintor, alegando que esperaban a una señora norteamericana, una aficionada traída por Loriesse, y que la presencia de una señorita, sobrina del artista, sería embarazosa para la probable compradora de los dos o tres cuadros de caballete que todavía conservaba Viodal en su estudio.

—Un buen negocio, nena... No me espantes a la cliente. Ya te avisaré cuando puedas volver.

El aviso no llegó en toda la tarde; pero Rosario, con la decisión de la mujer que, deseosa de saber lo que le llega al alma, no repara en medios, salió a la antesala e interrogó al muchacho servidor que hacía funcionar el ascensor forrado de raso. Supo que habían subido dos caballeros, a quienes el señor Viodal había dado de antemano orden de recibir a cualquier hora, averiguando primero si venían de parte del señor Flaviani. Y poco después de que subieron los dos caballeros, el señor Viodal había vuelto a bajar hasta el portal, y de allí a la calle.

—Me parece —añadió el parlanchín— que no ha debido de ir muy lejos: juraría que al volver la esquina entró en la brasserie.

—Y los otros cuatro señores, ¿se habrán quedado arriba juntos?

—Sí, señorita Rosario...

La chilena no preguntó más, ni era preciso; comprendía perfectamente: se trataba de los preliminares de una cuestión personal. Sorda angustia se apoderó de su espíritu y redobló la atención y el cuidado en observar lo que sucedía.

Viodal, a la hora de comer, parecía menos preocupado que por la mañana; su sobrina le encontró tranquilo, aplomado, y concibió esperanzas de que se hubiese arreglado el asunto, de que mediasen explicaciones... Mas al punto de retirarse, a eso de las diez y media, cuando Rosario, obedeciendo a una costumbre inveterada, establecida por Viodal mismo y agradecida por su sobrina —que entendía esta cuestión a la rígida y honesta manera española y no dejaba que la rozasen labios—, tendía, en vez de la frente, la enano a su tío, el pintor, con repentino arranque, se acercó a la muchacha, cogió su cabeza, y a bulto, sobre los ojos, la besó con ardor, con una especie de frenesí. Rosario, trémula, hizo ademán de desviarse... pero ya Viodal se había encerrado en su cuarto con llave y cerrojo.

—Es que se bate mañana, no hay duda —pensó la chilena. Sin embargo, no bastó tal pensamiento para impedir que, al llegar a su tocador, se limpiase el rostro, los párpados, las mejillas, deseando borrar las huellas de la caricia—. ¡Borrar! ¡Si Viodal no sucumbía en el duelo, Rosario tendría que ser su esposa!... ¡Su esposa! ¿Por qué no contaba con esto? ¿Acaso era una niña inocente, criada entre monjas? ¿Se había figurado que Viodal no la quería de aquel modo, que la adoraba a estilo de santo o de viejo caduco?

Rosario no se acostó en toda la terrible noche. No hubiese dormido; valía más acurrucarse en el sillón. A cosa de la una, cruzó el pasillo andando en puntillas, y vio una línea de luz bajo la puerta de su tío. Pegó el oído a las tablas: Viodal trasteaba, abría y cerraba los cajones; sin duda esos preparativos que se hacen en vísperas de un grave empeño, en que se juega la vida. Rosario se volvió a su cuarto, temblando de frío y de terror. Rendida, se adormeció un poco. A la madrugada despertó despavorida; creyó oír que andaban muy despacio por el saloncito que dividía sus habitaciones de las de Viodal: el suelo crujió un instante, después el ruido cesó, y a los tres segundos oyó que se cerraba la puerta de salida...

Entonces Rosario estuvo a punto de gritar, de salir a la escalera... ¿por qué no lo había hecho antes? En aquel instante comprendía la causa: no lo había hecho, por no provocar en Viodal otra explosión de temible cariño, por no verse en el caso de que, rebelándose su alma, saliese a la superficie lo que se había propuesto ocultar, dominar, hasta suprimir: el amor invencible, el amor loco por Felipe María, el impulso de todo su ser, que la llevaba hacia el abandonado y la apartaba del elegido... ¡Qué horrible motivo el de su silencio! Y no era otro: no cabía que Rosario se engañase: ya leía, descifraba, entendía su propio corazón: quería a Felipe, lo quería por encima de todo, del honor, de la dignidad, de la generosidad, de la razón y de las consideraciones del porvenir; lo quería a toda costa, y la repulsión que sentía hacia cualquiera que no fuese él, era la señal más clara del cautiverio de su albedrío...

¿Qué iba a suceder en el duelo? ¿Qué suerte correría Viodal, a quien Rosario deseaba todos los bienes, todas las dichas, excepto una? Envuelta en amplia bata de franela, abrigada con largo boa de zorro azul, y tiritando así y todo, Rosario subió al hall. La luz del día, entrando descolorida y mustia por los altos vidrios, parecía que en vez de calentar aumentaba las glaciales sensaciones del que no ha dormido a gusto ni se ha desayunado, y tiene llena de ansiedad el alma. Arrimada a la lumbre, que no conseguía entibiar el granizo de sus yertos pies y sus amoratadas manos; abismada, encogida, revolviendo en la cabeza, no planes —¿qué planes cabían allí?—, sino ideas incoherentes, Rosario esperaba... Bajo la campana esculpida, alzaba suaves llamaradas la seca leña; los pájaros, despertados por la luz, chillaban y gorjeaban gozosos; sobre el acuario transparente, la ninfa de mármol sonreía; las plantas trepaban en gracioso desorden, contentas de no haber sufrido relente ni escarcha... y aquella reducción del mundo físico asistía a la explosión de un dolor humano, con la misma indiferencia con que asiste el planeta al espectáculo de los innumerables dolores de toda la humanidad...

De pronto Rosario saltó del sitial donde yacía. En la escalerilla interior sonaban pasos. Se adelantó, muda, con las pupilas dilatadas... Tenía a Viodal delante; a Viodal desencajado, pálido, tembloroso de piernas, próximo a desplomarse al suelo.

—¡Tú! —exclamó Rosario al fin recobrando el habla—. ¡Tú!

—Yo... Rosario, escucha...

No escuchaba. Estaba como lela. ¿Cómo no se le había ocurrido hasta aquel mismo instante que podía volver Viodal sano y salvo y quedar Felipe allá, tendido sobre la ensangrentada hierba? ¿Era concebible que no hubiese pensado en tal contingencia, que solo imaginase desdichas y peligros para Viodal?

—¡Tú! —repetía, sin acertar a desenvolverse de aquella única palabra.

—Rosario... nena... perdón... —rogó Viodal, cruzando las manos—. Me vas a aborrecer... No supe lo que hice... ¡Ese hombre me había insultado tanto! Estuve fuera de mí... Así y todo, te aseguro que no quería hacerle daño grave... Defender mi vida, y un rasguño para lección... Pero ayer, ese Nordis me enseñó una estocada maestra... y en el calor del lance, al ver que él buscaba mi pecho, busqué yo el suyo... Rosario, ¡perdón! No me mires así... Ha sido una desgracia, una fatalidad...

—¿Le has matado? —preguntó concisamente la chilena.

—¡Tal vez!... Quedó muy mal herido... No sé si llegará a su casa con vida. ¡Rosario! ¡Rosario! Me provocó, te lo juro... ¿Quieres leer la carta indigna que recibí ayer? Y sé por el conde de Nordis que a ti te difamaba... Eso fue lo que más me sacó de quicio... ¡Rosario, mi niña! No me huyas... ¡Ay, Dios mío! ¿A dónde vas?

Sin contestar, Rosario corrió hacia la escalera de caracol y se precipitó por ella. Viodal la siguió aterrado; a la triste luz de la reciente tragedia, veía bien toda la verdad; la ciega pasión de su sobrina, la imposibilidad de ser ya para ella más que un enemigo, un ser odioso, aborrecible... el matador de Flaviani... Vio a Rosario entrar disparada en sus habitaciones, y no se atrevió —como jamás se atrevía, pues el exceso de la pasión le hacía exagerar estas pudibundeces en el trato familiar— a pisar aquel recinto sagrado. Quedose en el umbral, anheloso, clamando aún, de tiempo en tiempo:

—¡Rosario! ¡Rosario! Por Dios... Mira, no ha muerto, querida... Enviaremos a saber qué dicen los médicos...

Rosario apareció, trágica, con paso automático... Venía vestida de calle, si se puede llamar vestirse a haberse colgado una falda y metido los brazos de la chaqueta de nutria, cuyos últimos botones abrochaba por instinto, maquinalmente. Su rostro, mortalmente pálido, asomaba entre el marco de un rebocillo de encaje negro, tocado que solía preferir por coquetería la chilena, y que en aquel instante el aturdimiento y la prisa habían arrojado sin aliño sobre su cabeza despeinada y ardorosa. No llevaba guantes, pero sí un saquillo de cuero de Rusia en las manos, y su calzado, a pesar del piso cubierto de nieve en que iban a apoyarse sus pies, era el mismo zapatito de charol que traía por casa, sobre las mismas medias de seda negra con bordados azules...

—¿Estás loca? ¿Qué es eso? ¿A dónde vas? —preguntó Viodal, queriendo alardear de autoridad paterna.

Rosario le miró sin cólera, con mucha elocuencia en los grandes ojos; y desviándole con un movimiento de la mano, dijo tranquilamente:

—¡A su casa!...

Segunda parte

I. Ercolani

El nido en que se refugiaron Rosario y Felipe María cuando a este le condenaron los médicos completar la curación de su grave herida respirando aires de campo, es una villita, de construcción y fecha reciente, pero, como veremos, de antiguo estilo, enclavada en el pedazo de paraíso que forma la península de Mónaco, ceñida en torno por el cinturón de terciopelo turquí del Mediterráneo. En tan diminuto Estadillo, con su ejército de muñecas que no llega a cien soldados, se reúne más gente rica, antojadiza y desocupada que en los ámbitos de una gran nación; y las quintas y las villas construidas por hábiles especuladores o por millonarios hartos del mundanal ruido y ansiosos de quietud, son, en su género, obras de arte, realzadas por una espléndida naturaleza que no abruma con su exuberancia como la de los trópicos; un paisaje todo armonía y luz, todo nobleza de líneas y suavidad de tonos, unas olas y unas playas finas que evocan los sueños claros y ligeros de la Grecia clásica.

La villita se encontraba más próxima a Rocabruna que a la capital de Mónaco, en una de las gentiles escotaduras del golfo de Génova; y si a sus espaldas se extendía, trepando por las vertientes de la montañuela, un bosque poblado de cedros, limoneros, palmeras y olivos, los jardines iban descendiendo por medio de una serie de terrazas escalonadas, hasta la playa misma, anfiteatro de rubia arena, que, como el engaste de un zafiro, cerca una ensenadilla siempre dormida, siempre transparente azul.

El que había erigido la villa Ercolani —así se llamaba— no era un industrial deseoso de sacar buen rédito al capital invertido, y que por consiguiente emplea materiales de segunda y construye a la malicia, sino un magnate escocés estrafalario y lunático, dotado de esa imaginación impulsiva y sin rédito que suelen tener los hijos del Norte, cuando gastan el lujo de tener imaginación. Cansado de las nieblas, de las románticas leyendas y los polares inviernos de su dura patria; detestando hasta el nombre de Walter Scott y María Estuardo; jurando que en Escocia no se podía vivir, porque todo se volvían historias de asesinatos y cabezas cortadas; renegando de los melancólicos lochs y de aquellos tristes macizos graníticos erizados de picos y cortados por sombríos desfiladeros, de las siniestras bahías y de los áridos valles casi horizontales que ellos llaman glens; entenebrecida el aleta por la salvaje rudeza de Caledonia, creyó disipar los negros vapores que la envolvían residiendo en un país que ni tuviese crónicas, ni tradiciones, ni recuerdos; un país joven, apacible, meridional; y para mejor olvidar las brumas y los espectros de la tierra alta, propúsose saturarse de paganismo, según sus manías estéticas, que le proponían como ideal la cultura helénica y latina. En realizar el capricho se gastó bastantes millones el señorón. Viajó por Italia y Grecia; dirigió excavaciones; desenterró o compró a peso de oro estatuas, columnas, mármoles y mosaicos, y no aprobó el plano de la villa hasta que le pareció digno de su ensueño. El resultado fue maravilloso. Los fragmentos, los restos arqueológicos que en las salas y galerías de los Museos parecen tan fríos y tan descabalados, adquirieron, al destacarse sobre un cielo purísimo, al lucir sobre un intenso fondo de vegetación, todo su encanto peculiar. La columna de alabastro acanalada, con su capitel de intrincadas volutas, se alzó firme y briosa, entre el follaje de los gradados y los mirtos. El vaso de rotas asas, con su bacanal esculpida en alto relieve, se completó al engalanarlo una caprichosa enredadera; y el busto de Pan, o la figurilla de la Ninfa agreste, parecieron vivos y hablaron misterioso lenguaje bajo la tibia sombra de los árboles cubiertos de dorado liquen, o en el fondo de la gruta donde las peñas rezuman el hilo sutil de agua cristalina.

Con estos despojos de una edad artística, la villa ganó lo único que falta al ideal país de Mónaco: algo que recuerde el pasado, algo histórico, pero que no evoque memorias de dolor y de sangre, sino de nobleza, poesía y heroísmo.

En memoria del templo de Hércules, que se cree existía donde hoy está Mónaco, el escocés impuso a su locura el nombre de villa Ercolani. El palacio es exactamente una antigua villa romana, con elementos griegos en la ornamentación —lo cual sucedía en muchas del Lacio—, y tiene una distribución tan bella como racional y lógica, superior a la de las casas modernas, y que apenas se concibe cómo hoy no se restaura. No le faltaba ni su vestíbulo, donde hacían la guardia dos esfinges de jade, ni el desahogado atrio que cerca espaciosa columnata, con el impluvio que recoge el agita llovediza del compluvio, y el terso estanque, donde se supone que el visitador ha de lavarse los empolvados pies; ni el peristilo con otro estanque y otra columnata más fina y gallarda aún que la primera, ni el triclinio con su nínfeo en el centro, mirando al jardín, vista que realza el pórtico y sus cuatro estatuas de bronce, auténticas, encontradas en el lugar donde es tradición que se celebraban los juegos ístmicos, cerca del bosque de pinos consagrado a Neptuno. Delante del pórtico se escalonaban las terrazas, declinando suavemente hacia el mar.

Tenían estos palacios de la gran Roma, sobre nuestros edificios modernos, la ventaja de la respiración. Eran viviendas con pulmones; aspiraban el aura vital en sus múltiples patios descubiertos, y bebían la regalada frescura de sus estanques y fuentes: aire y agua a discreción. El escocés quiso reproducir fielmente y hasta el último ápice la villa romana, pero ni el mismo Vinckelmann lo conseguiría, pues hay exigencias modernas imprescindibles, y el más clásico no se alumbra hoy con aceite en lámparas de bronce, ni pasea por mar en una birreme con velas de púrpura, de esa forma escultural que se observa en la nao de Caronte. Al que quiere revivir el pasado, siempre habrá algo que le llame al presente con la voz irónica de la realidad.

En el mobiliario, sobre todo, viose precisado el escocés a transigir con lo que detestaba; no logró, por más fuerza que hiciese, por más dinero que derrochase, amueblar la villa Ercolani como podría estarlo la de Horacio o la de Augusto. Esto trastornó su no muy sana cabeza. Cada nota contemporánea que sorprendía en Ercolani, le causaba accesos de furor. Llegó al extremo de despedir a un criado porque dejó un periódico sobre la mesa de jaspe sostenida en ancas de león de bronce —de las antiguallas más auténticas que la villa encerraba—. Un día que cierto célebre artista inglés, rival de Leighton, calificó la villa Ercolani de «bonito pasticcio», su dueño pidió el coche, hizo la maleta y abandonó para siempre aquellos lugares donde se dejaba malgastada la mitad de su caudal. Ya casi arruinado por la villa, hundido después a causa de otros despilfarros no menos fantásticos y estupendos, hubo de vender por un pedazo de pan la folie, y el fondista de Mónaco que la adquirió empezó a hacer buen negocio alquilándola muy cara por dos años a Felipe María Flaviani, para quien acababa de descubrir aquel verdadero tesoro Sebasti Miraya, el periodista.

La Luna de miel de Rosario y Felipe era llena, radiante, deliciosa: tenía el aroma y la forma perfecta de una de las áureas naranjas que con la mano podían cogerse desde las gradas de amarillento mármol lesbio del pórtico. Habían llegado a Ercolani de una sentada desde París, sin querer detenerse en Ventimiglia ni en Niza, haciendo el viaje con las manos asidas y los ojos en los ojos, sonriendo sin querer, en el transporte de una dicha de esas que no se miden. Hasta que descansaron en la villa, no se dieron cuenta de lo que pasaba, ni paladearon gota a gota la impresión, realmente inefable para los enamorados, de encontrarse juntos, solos y lejos del universo. Nadie como ellos podía apreciar el valor del apartamiento; venían deseosos de huir, no tanto de la gente, como del ruido. La gente, desde el momento en que Rosario, con ciega intrepidez, se instaló a la cabecera de Felipe moribundo, fue despedida en la antesala por el inteligente Adolfo, que, al aliciente de las propinas de Miraya, supo dejar con un palmo de narices a los curiosos, a los noticieros de periódico, y hasta a los amigos de Felipe, sin más excepción que Yalomitsa, y, por supuesto, Miraya también; Miraya, que aprovechó aquella desgracia para crearse un puesto propio en la casa de Felipe y en la intimidad de Rosario, a quien ayudó en la asistencia, velando como ella todas las noches. De lo que deseaban emanciparse era del bullicio parisiense, del vértigo de una populosa capital, y de aquella repentina celebridad de sus amoríos, compuesta de todos los elementos de ironía, escepticismo, curiosidad malévola y fingido interés —lo que más hiere y lastima el corazón—. Estorbábales también en París la sombra de Jorge Viodal, desesperado, enfermo, y, por último fugitivo. El pintor había acabado por irse a Mallorca, no pudiendo soportar la vergüenza y el dolor de que su sobrina habitase bajo el techo de Felipe, y el remordimiento de haberla impelido a este paso hiriendo al joven Flaviani. Mensajes y cartas fueron inútiles para conseguir que Rosario volviese a su hogar: estaba resuelta a no moverse del lado de Felipe, y así se lo hizo saber a su tío en terminantes palabras. Convencido ya Viodal de que no salvaría a Rosario, levantó la casa y desbarató el estudio. Acrecentaba su perenne tristeza la vista de los «Cuatro elementos» abandonados desde que la chilena faltaba de allí; las flores secándose, los peces subiendo muertos, panza al aire, a la superficie del acuario; las aves con el bebedero vacío, y hasta el fuego mal encendido, con leña verde. Antes Rosario cuidaba de los menores detalles, vigilando e inspeccionando a encargados y sirvientes, y ahora el pintor, a las preguntas de estos, solo contestaba encogiéndose de hombros, como si dijese: «Todo me es igual. Ya puede llevárselo el diablo». —Al fin, en uno de esos saltos repentinos de la voluntad exasperada por un constante suplicio, Viodal cortó las tradiciones queridas de su existencia, y vendió cuanto adornaba el taller: la ninfa del acuario, la soberbia chimenea, los tapices, hasta las flores... Fueron llevándose poco a poco aquellos objetos familiares que cada uno encerraba mil recuerdos, y había recogido, por decirlo así, el amado ambiente de Rosario. Sin más equipaje que sus pinceles, dejando el famoso cuadro de la Crucifixión enrollarlo en la boardilla, donde depositó unos cuantos muebles que no pudo vender, Viodal salió de parís y se embarcó para las Baleares, donde esperaba domar con el ejercicio y anestesiar con el aire libre esa inquietud punzante que nos impulsa a mudar de sitio sin mudar de dolor.

Fue la retirada de Viodal anterior a la mejoría decisiva y completa de Felipe. Aún yacía este en la meridiana, sin fuerzas, ojeroso, demacrado y con los labios pálidos, cuando el pintor abandonó a París. Al reponerse Flaviani, al cicatrizarse su terrible herida, al empezar a dar algún paseo en coche por las calles del bosque de Bolonia, que ya hermoseaba la primavera, supo la desaparición de su vencedor y rival. Observó a Rosario y no vio en sus ojos ni sombra de pena cuando contó Yalomitsa cómo habían sido dispersados los «Cuatro elementos». Era, sin embargo, el ayer de la chilena, lo santo de su vida, lo alegre y lo puro de su juventud, eso que algún comprador desconocido y antojadizo acababa de llevarse en el cáliz de una rosa o en la pluma de un pájaro... A los dos minutos, Rosario charlaba y reía, sin aludir a la conversación pasada.

II. Instalación

Cuando Felipe María, al abrir los párpados después de un largo desvanecimiento, había visto a Rosario a su cabecera, no sintió extrañeza: parecióle natural que la chilena estuviese allí, cogiéndole la mano lo mismo que una madre. Desde el primer momento, sus injuriosas presunciones se desvanecieron: la lucidez que a veces acompaña a las proximidades de la muerte le descubrió en el rostro de la chilena, en su actitud, en su voz —en un no sé qué imposible de definir— la verdad de su inocencia y el noble móvil de sus actos. Rosario, arrodillada, balbuciente, pedía perdón; no el que piden los criminales, sino otro perdón, el que solicita el alma enamorada cuando hace daño sin querer, el que angustiosamente pedía Viodal al dar a Rosario la noticia de la herida de Felipe. Rosario se creía culpable de que Felipe estuviese a las puertas de la sepultura. Era ella, su obstinado silencio, su incomprensible abandono, lo que había ocasionado aquella desgracia tan grande. ¡Ah! ¡Que Felipe viviese, y Rosario pagaría su deuda!

Con energía juvenil y apasionada, de que solo pueden dar idea las abnegaciones de las razas jóvenes, en que todavía se encuentran casos de adhesión incondicional y en que las relaciones de dependencia de la mujer al hombre toman forma de religioso entusiasmo, Rosario se consagró a amparar con la mano la débil llama de vida que aún conservaba Felipe. Asistencias como aquella se habrán visto pocas. Los médicos se asustaban de encontrar a Rosario siempre de pie, despierta, infatigable, contando los minutos para administrar la poción o el alimento. La herida, que había rozado el pulmón, podía presentar complicaciones graves, lesiones que, conjurado el primer riesgo, trajesen la neumonía aguda o la tisis. La existencia pendía de un sutil cabello; cualquier descuido era mortal. Rosario se interpuso entre Felipe y la muerte, dispuesta, como la heroína del cuento de Andersen, a dar sus ojos, su hermosura, su alma, para rescatar la presa.

Así que Felipe fue dejando de ser el moribundo a quien la menor emoción, la menor sacudida puede llevar derecho a la losa; así que recobró fuerzas, Rosario sufrió otra transformación. Desapareció su familiaridad, la sencilla confianza con que entraba y salía en la habitación del enfermo, la ternura casi maternal con que le acariciaba la cabeza, pasándole la palma por las sienes y enjugándole el sudor de la calentura. Hízose recelosa y reservada; desviose sin querer, echándose atrás con una especie de pudorosa rebeldía, que se acentuaba a medida que volvía la salud al cuerpo de Felipe. Cuando entraba alguna visita, cuando Miraya, desde la puerta, saludaba a Rosario con una especie de forzado respeto, la chilena se retiraba a su cuarto, roja de confusión, y allí desahogaba los sentimientos provocados por el combate entre una resolución irrevocable y la resistencia de un alma honrada y altiva a consumar el sacrificio del honor. Resuelta, lo estaba firmemente; de Felipe María era su vida, desde la hora en que estuvo a punto de costársela. De Felipe María: y ni podía ser de otro, ni servir para otra cosa; y si la idea de vivir con Felipe fuera de la ley la quitaba el sueño y atirantaba sus nervios, la del casamiento un tiempo proyectado sublevaba su orgullo. Esposa de Felipe María Leonato, obstáculo a su engrandecimiento y a su porvenir... nunca. Hay una solución para todo destino; hay un modo de resolver todo conflicto, y no lo ignoraba Rosario; tenía la solución en reserva para el caso extremo. Pero mientras nos anima el vigor de la juventud, la muerte parece, por decirlo así, cosa imposible, algo que no ha de llegar a realizarse nunca, inefectivo, sin consistencia, mientras la vida desarrolla horizontes y perspectivas tan amplias, que un día puede encerrar lo infinito. Rosario soñaba con Felipe una dicha muy grande, pero en el umbral de esa dicha retrocedía espantada... Se renuncia a la fama, a la honra, al respeto del mundo, y se defiende, sin embargo, la vergüenza, último velo del alma, jamás desgarrado sin que tiemble y sufra la mujer...

Felipe María comprendió el estado moral de Rosario. Supo apreciar aquella delicadeza de sentimientos, que aquilataba la esperada ventura. Sano, pero débil aún, ya nervioso, ya abatido, sintió a su vez deseo de envolver en el misterio y proteger con la distancia la felicidad. Repugnábale verse encerrado en un rincón de París; detestaba oír las rodadas de los coches y los gritos de los muchachos voceando los periódicos; le irritaba, a veces hasta el paroxismo, la diaria visita de Miraya y la continua presencia de Yalomitsa —aunque este trataba a Rosario como a una diosa—. Apenas Miraya, encargado de buscar un retiro campestre, hubo descubierto la Ercolani, al anochecer, sin que lo sospechase ni Dauff (el espionaje y la indiscreción reporteril en persona), tomó el tren en compañía de Rosario, y al amanecer de aquella primera noche que pasaban juntos sin que Rosario velase por atender a un enfermo, se bajaban en Rocabruna, y su coche los recogía y los dejaba a la puerta de la villa, extasiados como niños en una comedia de magia.

Sebasti Miraya, al hacer el viaje de Mónaco para descubrir una residencia tan ideal, no había perdido el tiempo. Los tres o cuatro meses de París, el «mano a mano» que venía de Dacia, habían producido en Miraya una transformación curiosa y digna de notarse. Ya no era el mal trajeado que vimos en el primer capítulo de esta narración: Dauff, especialista en la propaganda de costumbres parisienses, se había encargado de «desengrasarle» y arreglarle y vestirle como corresponde. Si en esto tuvo mal discípulo, y si el incorregible abandono y los gustos plebeyos de Miraya le mantuvieron fiel a las corbatas chillonas y a los guantes baratos, y reñido con el baño y con las exquisitas minucias del aseo personal, salió en cambio aprovechadísimo alumno en todo lo que es ciencia social y discernimiento elegantes: mi inteligencia clara y aguda le hizo enterarse pronto de mil cosas de actualidad y mundanismo, necesarias para brujulear en el océano de París. No dejándose embelesar por este sabroso estudio, lo refirió exclusivamente a la causa felipista, para la cual reclutó prensa y adeptos, trabajando sin cesar y haciendo labor fina cuando gestionaba la aparición de un retrato de Felipe María en una ilustración, o su caricatura en uno de esos periódicos humorísticos y ligeros de ropa que se venden en los kioscos. Por estos medios la causa de Felipe había ido popularizándose, según los vaticinios de Dauff. El dinero hábilmente distribuido, se convertía en artículos, en sueltos, en vistas de Dacia, en unas carterillas blancas y rojas que se llamaron Felipes y en que se hizo de moda guardar las tarjetas: detalles que en París crean atmósfera favorable a una causa política. La noticia del desafío de Felipe María y de su herida divulgó su fama: el pueblo lacio, cuyo ideal es todavía el valor y el desprecio de la vida, como sucede en toda nación que lucha por su independencia, celebró como una gracia del príncipe heredero el duelo a muerte; y Miraya, con oportunidad, hizo correr la voz de que el lance tenía por motivo unas palabras injuriosas contra los patriotas lacios, desmintiendo la versión oficial, propalada por Nordis, de que se trataba de faldas. ¡Las faldas! Era lo único que desesperaba a Miraya... las faldas malditas, el dulce

110

obstáculo atravesado era el camino que se había propuesto recorrer. ¡Ah! ¡Si no fuese por Rosario! Rosario lo echaba a perder todo. Miraya recontaba los daños causados por la chilena y su funesta acción sobre el destino de Felipe. No era la bailarina muerta, era la mujer viva la culpable. En primer lugar, la rotunda negativa a las proposiciones de los emisarios; en segundo, el choque con Viodal, que por poco les deja sin príncipe; en tercero, el escándalo europeo fruto de este lance, que tal vez enfriaría las buenas disposiciones de la princesa de Albania, tan gozosa al adornar su retrato con el lacito blanco y rojo. ¡Rosario! La mancha negra del felipismo; la sombra que eclipsaba su estrella. ¿Qué hacer para librarse de su desastroso influjo?

—Nordis —pensaba Miraya en momentos de violenta irritación— no tropezaría seguramente en esto que yo tropiezo. Nordis... ¡ah! Esa... Ese es expedito... Ese emplea recursos que... ¿No fue él quien enseñó a Viodal la estocada maestra, el golpe a la italiana, que decidió el resultado del desafío... y que a poco más?... Pero Nordis tiene guardadas las espaldas: el duque Aurelio le sacará adelante por mucho que se comprometa... Nosotros estamos en distinto caso... ¡Si se nos van los pies!

Estas reflexiones sepultaron a Miraya en meditación profunda. Sus ideas iban y venían como olas; pero consiguió dominar aquel extraño estado psicológico, rechazar ciertas visiones que se le presentaban, insinuantes y tenaces, y llegó a una conclusión más apacible y más acorde con el respeto a las leyes de Francia, que ponen a salvo la seguridad y la vida.

—Sin duda la situación es mala —concluyó—, pero las he visto peores. Y aquí, Miraya, es donde vas a probar tu destreza. Tienes tres objetos: separar a Rosario de Felipe; preservar a este de otra asechanza de Nordis, y lograr que en Dacia la opinión se divida, y que muchos consideren este episodio como un pecadillo de la juventud. Separar a Rosario de Felipe... es por hoy, imposible. Pero era cambio... después del paso que ha dado esa sirena... me parece que se ha cerrado para siempre la puerta del matrimonio. En eso ha sido poco hábil. Si aspiraba a bodas... anduvo torpe. ¿Qué razón hay ya para que se casen?... Esto hemos ganado... Contratiempo por contratiempo, prefiero la estocada de Viodal al casorio con su sobrina... Y, puesto que estamos en plenitud de amor, que huyan, que se retiren, que agoten pronto la copa, que descubran su fondo... Yo les buscaré un asilo;

malo será que no lo encuentre, y a mi gusto: pero ha de ser algo que les acerque a Dacia: un país donde la libertad de fronteras y la afluencia de viajeros haga que no se note la llegada de un agente, y donde, lejos de este torbellino de París, me sea fácil vigilar, descubrir las emboscadas de Nordis, si las hubiese, que las habrá de seguro... Mientras crean a Felipe entretenido con su novela de amor, le dejarán en paz... ¡Ah! ¡Con tal que a nuestro augusto monarca y señor no se le ocurra morirse antes que Felipe se canse de Rosario!... ¡Antes que la calaverada haya abierto brecha en su fortuna!

Estos pensamientos decidieron a Miraya a convertirse en aposentador e intendente de los enamorados. A propósito hizo las cosas en grande: no solo pagó por la villa Ercolani, sin regatear, lo que le pidieron, sino que buscó para Felipe María un servicio digno de las ínfulas de príncipe, y montó cuadras y cocheras, aprovechando las lecciones de Dauff, con regia esplendidez. Entre la servidumbre colocó a dos dacios de toda su confianza: uno en funciones de cochero, otro en las de mayordomo o despensero, que tenía bajo su vigilancia al jefe y a los pinches. La instalación era fastuosa hasta rayar en insensata, pero Felipe María, con el engreimiento del amor, que hace olvidar las consideraciones del orden práctico, lo aprobó todo, todo lo encontró de perlas, y, sin rechistar, dio a Miraya letras contra su banquero en París, ordenando además a este que abriese crédito en Mónaco, a fin de no tener ni la molestia de escribir pidiendo remesas de fondos cuando hiciesen falta. Así se establecieron los enamorados en la Ercolani.

III. Oda de Horacio

A ciertas horas del día, sobre todo en las primeras de la mañana y en las que preceden a la puesta del Sol, la poesía de la Ercolani era indecible. Antes que el Sol picase fuerte, la frescura y pureza del aire, aliento vital de la madre Venus, blando céfiro que sale de un baño de rocío sacudiendo las alitas, prestaba tonos rosados a las estelas de alabastro y a los bustos de mármol, y recordaba la serenidad luminosa de la atmósfera ateniense, que, según dicen, parece manar leche y miel. A medio día los fragmentos antiguos, caldeados y como estremecidos por el Sol, halagados por los efluvios de amor esparcidos en el ambiente, revivían una vida singular, y las ninfas sonreían a los nervudos faunos, y los amorcillos tenían en sus pedestales actitud de impaciencia, ansiosos de volar, de beber la cálida atmósfera y la esencia de las rosas, violentamente profanadas por abejas y moscardones. A la tarde, con las primeras y refrigerantes brisas del mar, que subían impregnándose de resina en el verdiazul ramaje de los pinos, los mármoles se diría que reposaban, que se preparaban a disfrutar el sosiego de la noche, envueltos en aquel hálito suave y vivificador. Lo único que contrastaba con el helenismo de los mármoles, era una nota modernista, el aroma de gardenia que exhalaban los macizos de los jardines tapizados, a pesar del escocés, de plantas y flores desconocidos en la antigua Grecia.

La esplendorosa Luna de miel de Rosario y Felipe lucía mejor sobre el fondo de arte y naturaleza que la Ercolani le prestaba. No sospecharía el maniático que la creación de sus antojos iban a aprovecharla dos seres que, al encontrarse allí, en los primeros instantes, creyeron haber descubierto el paraíso. Suele decirse comúnmente que el amor lo transforma y encanta todo, y puede convertir un tugurio o zaquizamí en palacio de domados camarines; y será verdad tratándose de gente sencilla, que no ha refinado las necesidades de la vida y no ha exaltado la imaginación con lo que más la enciende y solivianta, que es el arte; pero a los que tienen muy cultivada la sensibilidad artística; a los que siempre han vivido con lujo y llenos de requilorios, no les puede bastar una cabaña y un trozo de negro pan, así lo sazonen y condimenten todas las alegrías amorosas del mundo.

Por lo mismo que Rosario y Felipe —cada uno de ellos obedeciendo a distintos móviles, que producían el mismo resultado— se habían abrazado a aquella felicidad con el ímpetu del que quiere olvidarlo todo, con el arrebato del que cierra los ojos y, se lanza a un precipicio vestido de flores, y en cuyo fondo resuena misteriosa música, el contraste de un sitio feo, triste, incómodo, les hubiese impuesto lo que evitaban y temían: la realidad. En ciertos espíritus de gran cultura estética —ya que no moral— el ardor está cuajado de exquisiteces, de finuras idealistas, y pide condiciones donde lucir libremente su gallardía y belleza propia, sin que lo sujeten prosaicas ligaduras. En la Ercolani encontraron los dos enamorados esta idealización casi sobrenatural. Como niños a quienes presentan el apetecido juguete, batieron palmas transportados de gozo, cuando recorrieron por primera vez aquel albergue incomparable. La risa, dulce compañera de las tranquilas horas del amor satisfecho, les asaltaba al registrar el pasticcio del escocés, y al creerse, por momentos, trasladados a los tiempos de Horacio y Lidia.

Reíanse de los anacronismos que tanto habían desesperado al hipocondriaco magnate. Les hacía prorrumpir en festivas exclamaciones cada disonancia que advertían; una carretela descubierta —que por las tardes les llevaba a Rocabruna o les paseaba a orillas del mar, donde los grandes pinos, quitasoles de abiertas ramas, avanzaban atrevidamente sobre los peñascos debía ser, ¡quién lo duda!, una biga romana; y la bonita y ligera falúa —que tripulaban dos marineros corsos— una birreme con cordaje de seda y velas de púrpura. En ciertos sitios de la villa —por ejemplo el rincón de una de las terrazas, donde un bosquecillo de mirto y rosas servía de asilo a la Venus mutilada, admirable fragmento de una belleza que sorprendía a los artistas—, por momentos Rosario, que tenía imaginación más virgen y ardorosa que la de Felipe, se creía realmente fuera de la vida actual, en las edades en que se vivía para la felicidad breve, deshojada como la flor que a la mañana despliega su broche y a la tarde cae mustia y triste, aunque perfumada todavía y con restos de su prístina hermosura. Y de este recuerdo pagano nació en Rosario la primer fugitiva ráfaga de melancolía, esa melancolía sin fundado motivo que, como la risa involuntaria, acompaña a la excesiva ventura, abrumadora para el mortal. Pero con un esfuerzo ligerísimo disipó la pequeña nube. Era preciso no pensar sino en lo presente.

Arte supremo, en el cual consiste tal vez el secreto de la dicha, el de echar a un lado todo género de preocupaciones cuando se presenta un momento de los que en la vida son excepcionales y únicos. Ni Rosario ni Felipe calculaban: obedecían al instinto no queriendo saber si había algo fuera de la Ercolani. La villa podía pasar muy bien por uno de esos jardines mitológicos en que se pierde el sentido. Todo era allí cómplice de la enajenación y la embriaguez amorosa. Aquellos mármoles de Paros y de Samos tenían el clásico impudor y la fiebre de vida que animaban a las generaciones que los crearon. Su vaga sonrisa, la eterna torsión de su cuerpo, aconsejaban el olvido de las penas, de la vejez y de la muerte. Ni la naturaleza ni los complacientes mármoles dirigían a Rosario ninguna severa advertencia. En la Ercolani, el escocés se había guardado bien de colocar imágenes cristianas; allí los númenes eran Venus y las Ninfas; y la fe de española de Rosario se adormecía en su abrasado corazón. Ella y Felipe sentían que el arte es paganismo, al pie de aquellas Ninfas incitadoras que reían de gozo al verles pasar.

Nunca se levantaban a hora fija: las lunas de miel son enemigas del método. Había mañanas en que se despertaban muy tarde, agobiados de pereza y languidez, y otras en que el hervor de la sangre juvenil y la inquietud de la dicha ansiosa de adquirir conciencia de sí propia les movían a madrugar. Rosario era quien generalmente llamaba a la puerta del cuarto de Felipe, ya con traje de mañana, de blanca franela, armada de sombrilla y calzada de campo. Felipe se arreglaba a escape y salía a encontrarla bajo el pórtico, donde se doraban al vivo Sol los robustos faunos y entreabrían sus labios de amante y pecadora piedra las Ninfas. Y corriendo como muchachos, ágiles, parlanchines, de bracero, subían a buscar la sombra del bosque, a tal hora animada con los gorjeos de las aves y las correrías de los insectos por el musgo de los troncos. Los cedros y los pinos derramaban bálsamo, y el olor de azahar de los limoneros, arrebatado por una brisa palpitante, sugería epitalamios. No hacía bastante calor para acogerse a la gruta, y sentados en un banco de piedra rojiza, traído de la famosa villa de Cicerón, hablaban o permanecían unidos y juntos, porque el silencio era tan hermoso como las palabras. Algunas veces llevaban consigo un libro, pero poco leían, porque el deseo de comunicarse lo leído era más fuerte que el afán de leer, y en realidad, si algo sacaban del libro, era pretexto para reanudar la conversación. En sus diálogos solo discurrían acerca de lo presente: de lo venidero no se hablaba nunca, y respecto al pasado, no se nombraba a Viodal sino por alusión remota, y Felipe lo hacía con una especie de humorística y desdeñosa piedad, a lo cual tenía derecho, ya que Viodal por poco le cuesta la vida. Al leer no se asociaban: eran uno y otro demasiado refinados para no comprender que en la impresión que nos produce un poeta entra siempre algo de nosotros mismos, inefable, imposible de comunicar, tan imposible como que, a pesar de las desesperadas ansias del amor, un alma llegue a fundirse con otra alma. Los poetas verdaderos penetran en ese interior santuario donde ni el amor penetra, y hay que recibirles a solas. Es raro, además, que un mismo poeta logre, en momentos dados, conmover a dos almas. Cuando Rosario leía, era solo por entregarse a igual ocupación que Felipe. Este, en cambio, buscaba en los poetas el reflejo de sus sensaciones y la armonía con el mundo exterior, y especialmente le deleitaba la lectura de Horacio:

> Coge la flor que hoy nace alegre, ufana:
> ¡quién sabe si otra nacerá mañana!...

El afán de detener la dicha al vuelo, como se caza una mariposa, era lo que dominaba en Felipe. La convicción de que aquel celeste episodio no era eterno, ni aun duradero, prestaba a su sentimiento un ardor que a veces se parecía al frenesí; duplicaba la intensidad de su pasión y le despeñaba, por decirlo así, con los ojos cerrados, a un insondable golfo de ventura. ¿No acababa de ver de cerca el sepulcro? ¿No podría estar ahora ya disuelto, convertido en ceniza? Era pagano, pagano, y disfrutaba del instante fugaz...

Del bosque o de la playa no se retiraban hasta medio día. Entonces bajaban, saturado el pulmón de vivificantes brisas, el cuerpo restaurado con el ejercicio. Antes del almuerzo bañábanse en el mar. Rosario era gran nadadora, Felipe algo menos, pero ella le amaestraba y sostenía. Sencillo goce el de entregarse a aquellas olas azules tan limpias y tan apacibles como las de un lago, y ver los hermosos brazos de Rosario que las cortaban con elegante y rítmica precisión. Tranquilos, con la sangre fresca, subían a sentarse a la mesa del almuerzo, no sin que Rosario se vistiese uno de esos trajes de verano que son todo muselina y encajes. Tomaban el café en el pórtico, anacronismo del cual no se asustaban los latinos, que tampoco dejaban de gallardearse en sus pedestales cuando el humo del cigarro de Felipe —otra cosa bien ajena a los tiempos mitológicos— subía en espiral a envolver su eterna, su inmortal alegría...

En las horas de la siesta era cuando mejor saboreaban los dos el placer de verse juntos en la soledad. Sentían filtrarse por sus poros la molicie penetrante de aquel aire elástico y perfumado, olor de mar y de flores, y el goce de vivir como vivirían los semidioses, si les fuese dado elegir género de vida, y si descendiesen a la tierra en esta prosaica edad. Las delicadas manos de Rosario vagaban entre los rizos de Felipe, y al pasar cerca de los labios siempre recogían cosecha de caricias.

A las cinco tenían enganchado el coche, y o bajaban a Rocabruna, o recorrían la costa, por la cual serpeaba el camino tortuoso, en que, al través de los troncos y el ramaje horizontal de los grandes pinos, se veían jirones del azul del mar. A veces, en alguna playa solitaria, les esperaba un criado con cestillos de paja fina que contenían frutos, una botella de Ay, dos o tres exquisitas golosinas traídas de Mónaco. Y merendaban con expansión de chiquillos, cogiendo conchas, corriendo por la orilla, escondiéndose y traveseando. Otras veces salían a caballo: Rosario montaba sin miedo, y daba gusto verla derecha en la silla, con el magnífico rodete de su pelo recogido bajo el sombrerillo de fieltro a la tirolesa y el mórbido cuerpo modelado por el paño de su traje. El sano ejercicio aprovechaba a los enamorados y les evitaba esas crisis de abatimiento que a veces acompañan, en nuestra pobre naturaleza humana, a los derroches de fluido nervioso. Volvían a Ercolani cuando la Luna plateaba el mar; cuando a lo lejos la iluminación de la ciudad se reflejaba como una torre de fuego en las serenas olas; cuando el aire, tibio aún del calor solar, adquiría la grata frescura nocturna; y su dicha, más recogida y misteriosa en aquella calma, adquiría la deliciosa vaguedad de un sueño. Tal era realmente la impresión de Rosario: creer soñar. La chilena se dejaba mecer por esta idea seductora: que estaba soñando, y que el aire que respiraba no era de aquí, sino de otro mundo mejor, más bello y apacible.

IV. Entre flor y flor...

Lo externo, en la existencia de Felipe y Rosario, podría causar envidia a los monarcas en su trono. La vida del hombre encierra pocos momentos así, y deben estimarse y, tasarse en todo su precio. Sin embargo, nada valdría el espectáculo de los jardines de Ercolani, testigos de aquel idilio soñado, si no lo iluminase la luz interior. Un fondo de paisaje encuadra poéticamente, realza y avalora la felicidad, pero no puede crearla. Más que el panorama, nos importa lo que piensan, lo que meditan, lo que ven en el porvenir los dos enajenados amantes.

Uno de los desalientos que postran al amor y cortan sus vuelos en busca de lo infinito, es el convencimiento de que las mismas impresiones resuenan de un modo diferente en cada alma, puesto que las almas rara vez vibran al unísono. Si por fortuna llega a producirse esta unidad de vibración, el resultado es una ventura tan profunda y completa, que apenas puede resistirse. Pero estos instantes son contados. Bien sabe el enamorado lo que se hace cuando aspira, como al bien más grande que existe en la tierra, a salir de sí mismo, a abandonar su conciencia y su yo, a disolver su alma en otra alma; huir de sí mismo es huir del más negro calabozo, y entrar en un espíritu que ama es cruzar las puertas de la gloria. Por eso Felipe María, en las horas de intimidad, en esos instantes en que el corazón se derrama porque rebosa, solía murmurar bajito al oído de su amada: «No soy Felipe, nena... Soy Rosario, ¿entiendes? Soy tú..., y tú eres yo, yo mismo».

Apenas acababa de pronunciar estas palabras, cuando a manera de esbirros que salen a capturar al prisionero que se evade, o a guisa de canes que persiguen al esclavo fugado y oculto en la espesura, venían los pensamientos de Felipe a romper el encanto, volviéndole a la realidad. No, él no era Rosario, y de sobra lo comprendía al mismo punto en que, apretando contra su pecho la cabeza seductora de la sobrina de Viodal, deseaba con deseo agudo, casi rabioso, incorporar a su espíritu aquel espíritu joven, vibrante de pasión y de ilusión. Si alguna vez consigue el amor realizar ese anhelo elevado y puro de la mezcla de las almas, es por el único medio de la unión completa, definitiva e irrevocable de la vida y del destino. Solo el convencimiento de que otro ser está allí para acompañarnos hasta el trance de la muerte, sin separación posible, más que la separación fatal que también aparta el alma del cuerpo donde habitó, puede hacer que en cierto modo, y con ayuda de una atracción vehemente y perseverante, moral y física, se realice ese fenómeno en que acaso consiste toda la beatitud posible en lo humano: el no sentir aislada el alma, el poseer un alma doble. Y Felipe María, al comprenderlo así, sufrió dos o tres veces impulsos irresistibles de decir a Rosario —y se lo dijo:

—¿Por qué no nos casamos, gloria mía?

Al oír la proposición, una ráfaga de contento iluminaba los ojos negros de la chilena; pero con negación enérgica, reiterada, movía la cabeza vivamente.

Apenas soltaba la frase, Felipe sentía, allá en su interior, algo que no se arrepentía y protestaba. No sabría decir qué, pero era algo. Y ese algo maldito, ese algo personalísimo de Felipe y ajeno por completo a Rosario, determinaba en Felipe una reacción involuntaria, indefinible y vergonzosa, en que entraba como elemento esencial esta idea: «Tanto mejor... Ella te quiere... la tienes aquí, contigo, a tu lado... y eres libre, libre... ¿Quién te impide prolongar esta situación cuanto te plazca? Y si te empeñas, después...».

El después —el enemigo del amor, el garfio que rompe la tela de la intimidad moral— se presentaba ante Felipe María bajo forma de un porvenir de ilimitadas perspectivas, no precisamente felices, sino grandes, hondas como la sima de la ambición, a cuyos bordes solía creerse situado, y donde poco a poco se veía caer, como aquel a quien un vértigo arrastra y a quien llaman voces que le fascinan. Si a ratos deseaba y conseguía olvidar que existiese nada más allá de la villa Ercolani, a poco reaparecía la realidad delatada por algún pormenor insignificante, donde encontraba Felipe señal evidente de aquel inevitable dualismo: porque ese pormenor, que en él despertaba extraña excitación, picante y fuerte como la del peligro, en Rosario causaba otra un presión contraria: un momentáneo abatimiento, indicios de pasión de ánimo, seguidos de una exaltación vehemente en las manifestaciones del cariño, como si previendo el fin de sus amores tratase de aprovechar los instantes que la suerte la otorgaba, fuesen largos o cortos. El fondo doloroso de aquella situación era que los dos amantes sabían —sin decírselo ni a sí mismos— que su convivencia tenía un desenlace previsto, seguro, que toda su voluntad no podría evitar. Si Rosario exigiese de Felipe una unión eterna, y aun sin exigirla, con solo admitirla, conjuraba el peligro. Pero antes de aceptar tal solución, Rosario era capaz de arrojarse al golfo desde uno de los promontorios donde, sentados sobre una roca, habían pasado ella y Felipe ratos inolvidables.

Pequeñas circunstancias eran a veces la gotita de agua helada que produce el estremecimiento y despierta del éxtasis. Desde su herida, desde que su nombre había empezado a rodar por la prensa y su retrato a figurar en las publicaciones ilustradas, Felipe María recibía muchas cartas —adhesiones, ofrecimientos de servicios, respetuosos saludos de personajes del partido felipista—. Los primeros días, el correo se hacinó sobre el mueble escritorio, sin que Felipe se acordase de mirarlo siquiera. Rosario, al entrar por las mañanas en la habitación de Felipe, miraba disimuladamente la torre de cartas, y una candorosa alegría se pintaba en sus ojos cuando advertía que no habían sido abiertas, ni aún removidas. Un día notó que el montón tenía otra figura: sin duda Felipe lo había registrado. Al siguiente pudo observar pedazos de sobres en el cesto, y cartas abiertas bajo el prensapapeles. Poco después, hasta juraría que Felipe contestaba a alguna de las misivas, y que la respuesta era llevada a Rocabruna por el cochero lacio, en una de esas excursiones que hacen los criados, no con encargo de secreto, pero con especial comisión de sus amos —un recado que es de uno particularmente, y no de otro, de los dos que viven juntos.

También desazonó a Rosario la prensa. Los periódicos, dacios y parisienses, llovían en la Ercolani. Felipe afectaba echarlos a un lado sin quitarles las fijas, pero a veces, como si le atrajesen, rondaba la famosa mesa de ancas de león, en que los colocaba el criado para recogerlos al día siguiente y hacerlos desaparecer de la vista. En realidad, el efecto que producían sobre el alma de Felipe los periódicos no era grato; el fruncimiento de cejas que determinaban en él no era una de esas dulces comedias que representa a veces el autor para engañarse a sí mismo; no una tierna hipocresía, ni una lisonja indirecta a Rosario; expresaba un verdadero sentimiento de repulsión y antipatía contra lo que significaban aquellos periódicos; la vida de afuera, que rompía el hechizo de la de adentro. Y sin embargo, Felipe seguía rondando la mesa, y se sentaba a veces en el sillón fronterizo, hasta que un día su mano, guiada por impulso involuntario, se tendió hacia la pirámide de periódicos, rompió algunas fajas, arrugó algunas hojas, y después se retiró, como desdeñando una atenta lectura. Pero era bastante: Rosario, que le espiaba ansiosamente, notó las fajas rotas y las hojas arrugadas. Hizo más: pasó a su vez la vista por aquellos diarios. Los dacios no los comprendía: ni aún siquiera podía descifrar los caracteres: sin embargo, su instinto adivinó repetido el nombre de Felipe en los indescifrables signos. En los franceses y en alguno inglés encontró sueltos donde se hablaba del incremento del partido felipista, se aludía a la residencia en la Ercolani, al duelo, y a ella, a Rosario... Otro artículo grave estudiaba los proyectos de enlace albanés, ponía en las nubes la belleza y méritos de la joven princesa María Dorotea Electa, y comentaba las manifestaciones que en Dacia se habían realizado para demostrar la alegría con que el pueblo vería unidos por ese enlace, altamente político, dos países hermanos para quienes era una misma la causa nacional.

Por primera vez se dio cuenta Rosario de la magnitud y la extensión de su sacrificio. No había ilusión juvenil, no había engreimiento amoroso que pudiesen velar la perspectiva terrible y descarnada del porvenir. ¿Qué aguardaba Rosario? La soledad, el abandono... y algo todavía peor, cuya amargura había presentido, aunque no lo pudiese medir ni calcular exactamente, como no se miden ciertos dolores cuando no se han padecido todavía. Acudió a su memoria, quemante como una brasa, el recuerdo de Jorge Viodal, que por ella había sufrido esa tortura; y sintió una lástima que creía generosa y realmente era egoísta —porque se compadecía a sí misma, se veía ya dejada, desechada, sola, atravesando la vida como se atraviesa un desierto y abrasado arenal...

A la noche —la misma noche del día en que Rosario bebió el primer trago de acíbar en un periódico—, la atmósfera tenía tal pureza, brillaba la Luna con claridad tan argentina, era ya tan templado el aire, que Felipe propuso un paseo por mar. Bajaron hasta la playa cogidos del brazo, silenciosos, como solían estarlo cuando más sentían viveza de afectos y plenitud de dicha o de ensueño que no se traduce en palabras. La falúa, tripulada por los dos marineros corsos, les esperaba ya, y en la popa estaban apilados los cojines que servían a Rosario de asiento, y otros que, echados en el fondo del barquito, permitían a Felipe María reclinarse y recostar la cabeza en las faldas de su amiga, pasando así horas de contemplación, en que le parecía que sus ideas se evaporaban y se iban desflecadas y disueltas como el humo de un cigarrillo turco que contiene opio; en que creía desnudarse de sí mismo, perder su cuerpo y no notar más que una sensación de blandura y suavidad y el deseo ele que tal estado durase eternamente.

Rosario saltó a la falúa, apoyándose en el brazo nervudo y moreno de Luigi, uno de los marineros, y al punto Felipe ocupó su sitio de costumbre, con la cabeza en la falda. Una mano de Rosario pendía y se bañaba en las olas, sobre las cuales derramaba sus aljófares la Luna en fantásticos rieles; la otra, distraídamente, jugaba con el pelo de Felipe, con la lentitud y la calma de una caricia fraternal. No se oía más que el cadencioso y acompasado golpe de los remos, que de vez en cuando dejaban los marineros suspendidos en el aire, y entonces la embarcación, bogando suavemente sin casi avanzar, quedaba como suspendida y flotante sobre una sábana de viva plata. El agua batía mansamente los costados de la navecilla, y Felipe, con un movimiento de bienestar, ocultaba el rostro en el largo abrigo de paño que envolvía el cuerpo de la chilena, preservándolo de la humedad salitrosa. De pronto, creyó advertir que Rosario respiraba fuerte, que se precipitaba su aliento, como sucede a las personas afligidas y que se repri-men. Alzó la cabeza: era el punto, precisamente, en que la bajaba Rosario: sus rostros casi se encontraron, y Felipe María sintió caer sobre su mejilla una gota ardiente, que escaldaba y enfriaba a la vez... Y aquella gota no era del agua salada y fosfórica que alzaba el remo, ni del relente de la noche, cálida como de agosto. Felipe calló... No sabía qué decir; no acertaba a enjugar la lágrima de Rosario.

V. Acompañados

Al otro día —a la hora en que Rosario notaba en el espejo, sobre la seda
fina de sus párpados morenos, la huella de aquella lágrima devoradora que
Felipe no había intentado enjugar— entró la doncella trayendo el cesto lleno
de rosas, entre las cuales acostumbraba el ama elegir la que era más de su
agrado, para prenderla, con largo imperdible de perlas, entre los encajes
de su traje de mañana; y al bajar el canastillo, del cual se exhalaba delicada
esencia, dijo recelosamente:

—Señora... Hay visita.

—¿Visita? ¿Quién? —preguntaba Rosario, con un sobresalto natural.
¡Era tan extraño tener visita en Ercolani! Habían transcurrido tres o cuatro
meses sin ver a nadie absolutamente...

—El señor de Miraya. Acaba de llegar. Está paseándose por las terrazas
con el señor.

Rosario calló, pero se vio en el espejo pálida como un reo sentenciado.
Tener visita era ya cortar la cadena, dorada y compacta, de las horas de
amor; pero que esa visita fuese Miraya... ¡Miraya representaba lo que había
de separarla de Felipe para siempre, con una separación peor que la de
la tumba! Sus labios temblaron, y haciendo un esfuerzo penoso, murmuró,
dirigiéndose a la doncella y quitando las horquillas de concha que sujetaban
en desorden su abundante mata de pelo:

—Péiname, hija mía, al instante... Tengo que salir a recibir a ese caballero.

Mientras la doncella hincaba el peine en aquella crencha negra, perfumada y elástica, Rosario decía con sequedad violenta:

—Prepararás y arreglarás el cuarto que cae al jardín, aquel donde está
el Baco de bronce... Que no falte nada; coloca lo preciso, ¿eh? Adolfo te
ayudará; entiende más de cómo se puede alojar a un hombre. Que disponga
Adolfo un baño. Te encargo mucho cuidado, y que la ropa de cama sea de
la mejor que tenemos. ¡Ah! Y en vez de dos platos, que coloquen tres a la
mesa...

Ya recogido el moño, que mordían y sujetaban peinecillos de diamantes,
Rosario tendió la mano hacia la puerta del cuarto que servía de ropero.

—El traje de fular azul —exclamó.

La doncella la miró, no sin alguna extrañeza. Estaba acostumbrada a que Rosario, mitad por pereza americana, mitad por ese intimismo que caracteriza al amor dichoso, no se vistiese por las mañanas sino de trajes flojos y batas muy espumosas y chorreadas de encajes, muy engalanadas de cintas. El traje de fular azul era un correcto atavío propio para una excursión a Mónaco. Sin embargo, la doncella obedeció, y abrocho con esfuerzo hasta el último corchete del traje y de su alto cuello, rígido, orlado por una austera golita blanca. Ataviada ya, púsose Rosario un sombrero de jardín, y preguntó a la doncella:

—¿Dices que están en las terrazas?

—Sí, señora... Por el bosque de mirtos los vi hace poco.

Derecha, resuelta, la chilena se dirigió al pórtico, y de allí a las terrazas, inundadas de Sol.

Su pie ligero hacía crujir la arena, y el aire, moviendo su falda, modelaba su cuerpo airoso y de provocativas formas. Sin embargo, mirando un instante, sin querer, la silueta, sobre un espacio de arena lisa, creyó notar que su talle era menos elegante y juvenil, que había en él no sé qué alteración de líneas, disminución de gentileza... «Decaigo ya —pensó con amargura—. Dentro de poco Felipe sentirá como de hierro el lazo de flores... ¡Ah! ¡Que jamás llegue ese día; que mis ojos no lo vean! El recuerdo de Rosario ha de ser siempre para Felipe luminoso y bello como este verano paradisiaco, en esta quinta que parece un rincón del edén...».

El murmullo de la conversación de los dos hombres guió a Rosario al bosquete de rosales y mirtos, y a la sombra del alto templete, sentados en un banco, encontró al periodista y a Felipe, fumando y charlando mano a mano, con ese abandono que solo se tiene cuando se habla de lo que interesa. El eco del paso vivo de la joven les llamó la atención, y el diálogo se interrumpió, como suele suceder cuando la conversación no debe oírla el que llega. Fue un movimiento de esos que crean una situación indefiniblemente embarazosa; Rosario, con su instinto fino y altivo, lo percibió instantáneamente y se mordió un poco el labio inferior: a pesar de lo prevenida que iba, se nubló su cara y sus pupilas desmayaron. Duró un instante: en seguirla se rehízo sin aparente violencia, y tendió, ancha y abierta, amistosa, la manita de marfil a Miraya, que la saludaba algo cohibido. En el mismo banco se sentó Rosario entre los dos, y dijo afablemente, como entrando en materia:

—Cuando quiera usted quitarse el polvo... (Miraya tenía, en efecto, una blanquecina capa de él sobre traje y sombrero, y es de suponer que también sobre la cara) tiene usted dispuesto, en su habitación, el baño...

Felipe miró a Rosario con sorpresa, y la chilena añadió:

—Supongo que el señor Miraya viene a pasar una temporada, o por lo menos unos días...

—Estoy en un hotel de Mónaco —respondió Miraya evasivamente, como el que aguarda a que insistan.

—Pues arregle usted su cuenta y quédese aquí —reiteró la chilena—. Es preciso, porque tenemos mucho que hablar; no crea usted que es solo con Felipe con quien va usted a tratar de... nuestros negocios.

Una ojeada atónita de Felipe prestó ánimos a Rosario que prosiguió, hablando despacio y como quien sabe el efecto de las palabras, y acariciando la rosa que había tomado del canastillo:

—No valen los misterios, Miraya, y aunque usted crea que las mujeres no servimos para... opinar en cuestiones políticas, ¡bah!, algunas veces, cuando son negocios que nos interesan mucho, que nos llegan al alma, no debe despreciarse nuestro consejo... Usted me tiene por una criatura sencilla... o inútil... Ya verá si lo soy o no lo soy. Póngame a prueba. Y para que se convenza de que no me falta penetración, empiezo por decirle que ha hecho usted perfectamente en venir. Felipe se distraía: se olvidaba de que tiene en Dacia asuntos... Me alegro de que usted le despierte.

Miraya atendía, frunciendo el entrecejo con desconfianza. ¿Sería cierto? ¿Iba a encontrar una aliada en la misma mujer en quien veía el obstáculo y la rémora para el porvenir de la causa felipista? Parecíale demasiado bonito. ¿Sería un lazo, una artimaña, un medio hábil de desorientar y quedarse dueña del campo inspirando descuido? Pero los ojos magníficos y luminosos de Rosario, su tersa frente morena y pulida como el ágata, su boca entreabierta, respiraban sinceridad y buena fe, y hasta un extraño entusiasmo, una especie de transporte. «O es una gran cómica o realmente le importa la causa de Felipe», pensó Miraya, que, en voz alta, dijo con efusión:

—Ninguna aprobación, en este caso, puede agradarme y tranquilizar mi conciencia, indicándome que procedo bien, más que la de la señorita Rosario...

La palabra «señorita» cayó como un copo de nieve en medio de una atmósfera serena y templada... Rosario se sobresaltó, sin querer; Felipe tuvo una contracción de los músculos del rostro. Miraya, impávido, se volvió hacia Felipe y prosiguió:

—¿Lo ve Vuestra Alteza? Cuando yo le decía que mi consejo era el de todas las personas que le aman...

Sin dar tiempo a que Felipe se rehiciese, Rosario intervino, y declaró con convicción y seriedad:

—El que ame a Felipe María de Leonato no puede aconsejarle, no puede querer otra cosa sino que no arroje por la ventana, en un acceso de locura o por entregarse a una disculpable apatía, su porvenir y la gloria de Dacia, que son una misma cosa. Jamás hemos hablado de este problema el príncipe y yo; pero tampoco la ocasión se había presentado: hoy que se presenta, celebro, Miraya, celebro mucho que usted sea testigo de mi modo de pensar, de lo que siempre repetiré al príncipe...

—Rosario... —murmuró Felipe, cogiendo la mano de la chilena, que apretó la suya con energía.

—Felipe... —respondió ella, acostumbrada a esa dulce correspondencia del nombre de pila, que es una de las muletillas del amor—. No te había dicho nada... pero no creas, lo pensaba; sí, lo pensaba mil veces. Mientras pasamos aquí horas tan... tan tranquilas..., ¿qué sucederá por Dacia? Hoy, que ya estás bueno, fuerte, repuesto por completo... hoy, es preciso que mires hacia Oriente... hacia tu patria, hacia tu herencia.

—No hablemos de eso ahora, te lo suplico —declaró Felipe—. La mañana está hermosísima. Demos un paseo hacia el bosque, para abrir el apetito. Almorcemos alegremente después: Miraya trae un cargamento de anécdotas de París... y va a contárnoslas y a divertirnos mucho con ellas. Tiempo hay de hablar de cosas aburridas y serias, ya que la dueña de esta casa —y Felipe recalcó la expresión— ya que la dueña de esta casa tiene gusto en hospedarle a usted.

Miraya asintió, y poco a poco fueron ascendiendo por los senderos enarenados de los jardines hasta la villa, donde se provistaron de quitasoles. La corta subida al bosque era un ejercicio que aumentaba el buen sabor del almuerzo. Entre el silencio armonioso de los pinos y bajo la sombra embalsamada y transparente de los vetustos cedros, Miraya parecía una cotorra, un ave exótica, charloteando con buen humor y facundia inagotable. Rosario, ya serena y en apariencia alegre, le prestaba atención, y hasta aprobaba, y sonreía, y celebraba las oportunidades maliciosas; pero Felipe, sin esfuerzo alguno, se divertía y solazaba realmente, con la expansión del que privado hace tiempo de toda relación y contacto con la sociedad, de pronto vuelve a entrever su panorama de mil colores, y absorbe afanoso la bocanada de aire exterior. El comprobar esta disposición de ánimo de Felipe, acrecentó el oculto sufrimiento de Rosario. «No le bastaría estar siempre aquí, conmigo», pensó agobiada de pena. ¡A ella le bastaba! Los hombres son otra cosa», añadió para sí, acudiendo a esa distinción del modo de sentir en cada sexo, que es a la vez el triste consuelo y la desesperación incurable de las almas femeniles apasionadas y tiernas. «Los hombres necesitan el movimiento; la actividad es su vida... ¡Pobre Felipe!». Así Rosario le compadecía porque la estaba matando.

Entretanto seguía la charla de Miraya. Hablaba de la Actualité, de las aventuras y desventuras de Dauff, preso en las redes de cierta damita joven de los Bufos, la cual había conseguido del cronista una campaña de reclamos que desesperaba al director y hacía que se burlasen de él todos los redactores. Contó asimismo una cómica desdicha de Lapamelle: atraído una tarde a los bulevares exteriores por el aviso de que se vendía una interesantísima colección de estampas viejas, cayó en el garlito de unos ladronzuelos que le desvalijaron, le apalearon muy a su sabor, y por poco le asesinan. Salió también a relucir la última vuelta de la veleta de Loriesse, que ya no se entusiasmaba por el pintor español de asuntos decorativos y galantes, sino que andaba loco por un puntillista, cuyos retratos, como algunos de la vieja escuela holandesa, vistos con una lente descubrían el grano, las arrugas y, la complicada red del tejido epidérmico, gracias a una labor maniática y obstinada, realizada con pincelillos finos como puntas de aguja. «¡Ah, ese París! —exclamaba Miraya comentando el caso—. ¡Ese

París! Todo el que tiene una idea, todo el que tiene una concepción cualquiera, buena o mala, extravagante o sencilla; arcaica o modernista, a París la trae, y al calor de París la incuba y la saca a luz, ¡y con esa luz se alumbra luego el mundo!». Estaba elocuente hablando de París, poniéndolo en las nubes, con entusiasmo sensual e intelectual, de hombre que en la fuerza de la edad pasa desde el ambiente letal y mustio de una ciudad dormilona, al ambiente saturado de efluvios de la capital cosmopolita. Olvidándose de lo tratado al principio de la entrevista, iba Miraya a pronunciar un ditirambo en favor de París, por lo que había contribuido a dar a conocer la causa felipista en Europa; pero una ojeada ligeramente autoritaria de Felipe María le detuvo a tiempo. Sin embargo a los pocos momentos, cometió otra imprudencia: recordó a Viodal, la venta y dispersión de los Cuatro elementos, y el voluntario confinamiento del pintor en las Baleares. Esta parte de la conversación tuvo la virtud de hacer que Rosario bajase los ojos, y un abatimiento profundo se reflejase en su cara. Era aquel recuerdo, apareciendo en tal instante, un puñal agudo que traspasaba el corazón de la chilena. Sus propios sufrimientos le daban a conocer los que había causado. Cuando Miraya, pasando rápidamente a otro asunto, trazó una caricatura de Yalomitsa, de sus botas rotas, su gabán grasiento, su miseria, desde la marcha de Felipe, Rosario exclamó:

—¡Pobre! Hay que escribirle que se venga.

VI. El pacto

Los días llevaba Miraya en la Ercolani, y todavía se guardaba la consigna de no hablar de política, cuando de mañana, al salir para fumar un cigarro en el pórtico, antes de resolverse a escribir su fondo para el periódico órgano de Stereadi, vio delante de sí a Rosario, que se cogió de su brazo con inusitada familiaridad.

—Vamos hasta la segunda terraza, a sentarnos a la sombra —le dijo con tono entre mandato y súplica.

—Vamos, señora —respondió Miraya inclinándose con una galantería que disimulaba mal la sorpresa y cierto recelo.

Era en la segunda terraza, donde mirtos y rosales en flor rodeaban una estatua de Venus, mutilada, pero de belleza sorprendente. Sentáronse bajo el templete, a cuya sombra transparente y dorada recordaba Rosario haber pasado horas plácidas que acaso no volverían nunca...

—¿Y... el príncipe? —preguntó Miraya al ocupar, por indicación de la chilena, sitio en el banco de jaspe rojo.

—Su Alteza duerme todavía —respondió ella acentuando con firmeza el tratamiento—. Yo he sido más madrugadora, porque tenía que hablar con usted.

Miraya, a pesar de su verbosidad, calló y esperó. Parecíale que en aquella luminosa mañana, entre aquellos bosquetes salpicados de flor, se jugaban verdaderamente los destinos de la causa felipista. ¿Qué iba a decir la mujer amada? ¿Qué decreto pronunciaría su boca? ¿Qué pensaba? ¿Había sido sincera dos días antes?

Al cabo de una pausa, repitió Rosario:

—Tenía que hablar con usted porque es necesario que nos entendamos bien, que no incurramos en una equivocación funesta. Usted no está convencido de que yo quiero que Felipe... reine... o haga lo posible... por llegar a reinar. ¿No es eso?

—Señora... —exclamó Miraya apelando a la franqueza—. Es exacto... A pesar de sus hermosas palabras del otro día... no sería extraño que... Yo comprendo las leyes del corazón...

—¡Qué ha de comprender usted! —protestó con un matiz de mal disimulado desprecio Rosario—. ¡Qué ha de comprender! Si comprendiese... Si comprendiese, vería en mí la mejor aliada, la más segura.

Sintiose Miraya deslumbrado por un rayo de Sol que entró en su espíritu, a la vez que en el lindo templete, acariciando las ramas de las enredaderas que trepaban por las columnas de alabastro amarillento. ¿Sería verdad? ¿Aquella mujer, tan interesada en alejar a Felipe del trono, le aproximaría a él? ¿Y por qué no? ¿Acaso no existe la abnegación, no existe el amor al sacrificio en el corazón de las mujeres que aman. ¿Y no podría ser también aquí la grosería moral de la naturaleza de Miraya volvía a sobreponerse—, no podría ser también que aquel propósito ocultase la ambición más vulgar y hasta la codicia más vil? ¿No podía soñar Rosario, retiro por retiro, el papel de favorita cesante, con una dotación magnífica y esos honores bastardos y equívocos que, sin embargo, halagan la mezquina vanidad —la vanidad humilde que se contenta con lo que la ofrecen-? En el pensamiento de Miraya revolviéronse mezcladas la admiración entusiasta y la sospecha afrentosa. «Tal vez es una heroína del amor... y tal vez una calculadora muy hábil. Bien conoce ella que no iba a ser eterno el idilio... entre otras razones porque Felipe, al paso que lleva desde que está con esta mocita, no tiene dinero ni para tres años... de lo cual me alegro, y con lo cual he contado al instalar la Ercolani... De fijo sospecha... y toma sus precauciones... ¡Ah... no me la pegan a mí tan fácilmente las gatitas!... En fin, sea por un motivo, sea por otro, lo que nos conviene es que adopte esta actitud... y que trabaje en pro de la causa...».

En voz alta, con tono vehemente y alarde de brusco respeto, dijo el periodista:

—Si usted nos ayuda, señora, nuestro es el triunfo... Hoy por hoy, lo único que podría perdernos sería su oposición de usted. Si usted no quisiese, no entraría aquí ni un soplo de aire que oliese a felipismo. ¿Por qué estoy yo en la Ercolani? Porque usted se digna tolerarlo. Pero hace usted bien. Yo la he presentido a usted; yo he comprendido perfectamente que los amigos de Felipe María de Dacia, en usted tenían que poner su esperanza, como la ponen los marinos en la Santísima Virgen. Y esto se lo voy a probar a usted con dos palabras... Verá usted... ¿Se acuerda de un anónimo que recibió por el correo interior... pocos días antes de... del desafío de Su Alteza?...

Vivo carmín tiñó un instante las pálidas mejillas de Rosario, y sus desmesurados ojos se clavaron con magnética fuerza en los de Miraya.

—¿Era de usted? —balbuceó.

—Mío. Haga usted memoria... Decía en substancia, no sé si con estas mismas palabras o con otras muy parecidas: «Si quiere usted de veras a Felipe María Leonato, no se case usted con él, y si no le quiere y es una ambiciosa, tampoco, pues casado con usted, jamás reinará».

—¡Era de usted! —repitió abismada la chilena.

—¿De quién había de ser? —exclamó con vehemencia Miraya—. ¿A quién, sino a mí, le importaba en París el destino del príncipe heredero? Señora, usted cuya alma voy viendo que es tan varonil y grande; usted, cuyo padre sucumbió luchando por su patria, debe comprender muy bien lo que la patria significa... Dacia está a pique de convertirse en provincia de otra nación... señora, entiéndalo usted: ¡vamos a ser esclavos! Nuestro redentor, el hombre que puede levantar a la nación y despertar su conciencia, es Felipe María... El rey que representa su libertad y su vida, solo lo puede recibir Dacia de esas manos. Míreme usted —continuó el periodista con un arranque oratorio que tenía algo de teatral y enfático, pero mucho de sublime—. ¿No ve usted cómo me domina esta emoción? ¡Casi lloro! ¡Se trata de la patria!

Los negros ojos de Rosario chispearon. Por fácil que fuese Miraya en admitir malignas suspicacias, su entendimiento, siempre muy superior a su sensibilidad, le guiaba en aquella ocasión, y reconocía que Rosario, a su apóstrofe, se conmovía de veras.

—Precisamente —dijo al fin la chilena, en voz quebrantada—, precisamente por eso, señor Miraya, he querido que hablemos, que nos unamos para la obra en que tengo más interés que usted mismo... más que nadie. No se trata de la patria: ¡se trata de Felipe! Y yo me ofrezco a hacer que prescinda de los escrúpulos que todavía no ha podido desechar, y se presente sin rebozo como aspirante al puesto que de derecho le corresponde.

—¡Ah! —exclamó Miraya—. ¡Eso, eso ante todo! Un acto ostensible del príncipe, señora, y en una semana centuplica sus fuerzas y sus esperanzas el partido felipista. ¿No ve usted que el arma que esgrimen los enemigos, el gran recurso de que se valen, es propalar que el príncipe se niega rotundamente a secundar los esfuerzos de sus fieles partidarios? Este rumor ha desalentado a casi todos... y puesto que usted se presenta animada de tan generosas intenciones, no vacilaré un punto en decirla toda la verdad. En Dacia se cree que... afectos profundos... e imposibles de desarraigar... se oponen a que Felipe María presente su candidatura. Sí, señora; suponen que el príncipe, entre su corazón y sus derechos, opta por su corazón. Se cuenta que está fascinado, embelesado, como Ulises en la isla de Calipso... y que el resto del mundo ha desaparecido para él. Las contingencias de su candidatura al trono... parecen incompatibles con el hermoso sueño que el príncipe sueña... Esto abate a nuestros amigos. Muchos, desmoralizados ya por el retraimiento de Felipe, se han pasado al partido del duque Aurelio y son sus más celosos agentes... ¿Qué quiere usted? El hombre es débil y medroso... Temen, el día de mañana, tener que sufrir represalias del duque... En fin..., ¿quiere usted oír toda, toda la verdad? Pues el mismo Stereadi —el egregio Stereadi, el que me ha comisionado a mí para entenderme con el príncipe, el que es allá la cabeza, el que arrastra a los apocados antiguos, y representa la fusión del orden con la libertad—, Stereadi, señora... ya empieza, ¿lo creerá usted?, a titubear... Le veo... y no le veo... El día menos pensado, tenemos cuarto de conversión... Una mañana recibo carta suya con instrucciones reservadísimas, y me ve usted desaparecer. ¡Adiós, felipismo!

—¡Pero eso sería una infamia! —protestó con anhelo Rosario—. ¡Abandonar a Felipe! No, eso no lo harán ustedes...

—¡La política no tiene entrañas, señora! El príncipe es quien nos abandona a nosotros... ¡No podemos, como usted comprende, jugar en balde nuestra seguridad y nuestra vida! Por algo, por una probabilidad, sí la jugaríamos, y de buen grado; estamos resueltos... Pero, ¿no sería necedad insigne jugarla por quien rechaza hasta el holocausto? Héroes, mártires... ¡bueno! Necios, ¡nunca, señora!

—¡Miraya, eso no será! Ustedes no deben dejar a Felipe... Yo que le conozco, juro que en su ánimo... allá en el fondo de su corazón... está decidido a ir con ustedes... hasta donde haga falta. No: escriba usted a Stereadi, y asegúrele que Felipe hará muy pronto un acto público, una demostración de esas que no dejan lugar a duda, rotunda, terminante...

Miraya guardó estudiado silencio. Veía a Rosario comprometerse, y la abnegación de la chilena le saltaba a los ojos. Era uno de esos heroísmos secretos y pasivos de mujer enamorada, feliz al tenderse para servir de escabel al amado. En pocos momentos comprendió Miraya el dominio que las circunstancias le prestaban sobre el alma de Rosario, y hasta qué punto podía explotar ese dominio. Decidiose a dar un paso peligroso.

«Si resiste bien esta prueba, seguros podemos estar de la aliada», pensó, calculando qué profundidad iba a introducir el cuchillo. Y en voz alta, como hablando consigo mismo, murmuró:

—La gente de allá ha dado en desconfiar, y se necesitaría un golpe muy resonante para inflamar los ánimos otra vez... Lo único que les convencería...

Titubeó.

—Lo único... sí, lo único que considerarían positivo y directo... más que un manifiesto, más que un mensaje (lo cual, por otra parte, en vida del rey sería impolítico en alto grado...).

Volvió a detenerse Miraya, y suspendiendo la oración, su mirada vagó por el suelo y se remontó hasta las rosas que enramaban el templete y hasta la estatua mutilada, la Venus antigua, tan serena en su hermosura...

—¡No me atrevo! —añadió por fin.

—¿Quiere usted que yo tenga el valor que le falta a usted? —pronunció lentamente Rosario en tono incisivo y dolorosamente fúnebre.

Clavó el periodista en la chilena tan atónitos ojos, que si ella no estuviese en unos de esos momentos de la vida en que la emoción de lo cómico desaparece, sería capaz de soltar la risa. Contentose con sonreír amargamente.

—Lo único —prosiguió— que puede convencer a los felipistas y exaltar su entusiasmo... sería... el... el enlace... con la princesa de Albania... ¿Verdad que sí?... —interpeló con sobrehumana fuerza.

—¡No se equivoca usted! —declaró Miraya, que veía abrirse el cielo—. Pero... ¿sería usted tan noble... tan generosa... tan...?

—Basta —repitió Rosario con anhelo—. No necesitamos palabras, sino obras. Soy su aliada de usted, y si usted lo olvida o lo duda... ¡peor, peor para usted y para la causa de Felipe! ¿Cómo hacemos para que Felipe declare que accede a... esa boda?

—Lo mejor —indicó Miraya tartamudeando de júbilo— sería... que... dentro de unos días, cuando la familia de Albania venga a pasar una semana en Mónaco... el príncipe... los... los... visitase... y...

No supo decir más.

Rosario asintió con la cabeza, porque las palabras no acudían; la garganta estaba seca, la salivar se había suprimido, la laringe no formaba la voz... Pero la voluntad, vencedora, movió los músculos del brazo, y Rosario tendió la mano y estrechó la del periodista, sacudiéndola a la inglesa, con lealtad viril. Miraya tuvo un arranque: se arrodilló, besó la mano, y después volvió el rostro, para no ver que Rosario temblaba con todos sus miembros, como un ave azorada, y, que abría la boca para recoger aire, lo mismo que si le faltase la respiración.

VII. Preparativos

Desde el momento en que Rosario y Miraya se estrecharon la mano en el bosque de mirtos, la situación de las tres personas que residían en la Ercolani cambió de una manera al parecer insensible, pero realmente profunda. Sin que la boca de Felipe María dijese que aceptaba el papel de pretendiente, lo declararon sus actos ya explícitos. La vida se estableció y regularizó sobre la base de un plan encaminado a dirigir los trabajos del felipismo en Dacia. Por las mañanas, mientras Rosario se ocupaba en esas menudencias de tocador que roban tanto tiempo a las mujeres, Felipe y Miraya despachaban juntos, leían correspondencia y periódicos y escribían, en cifra, largas cartas. Antes de la hora de almorzar esperaba enganchado a Miraya el cestito, del cual tiraban dos jacas de resistencia y fatiga, muy distintas de los magníficos troncos flor de romero y negro, que se destinaban especialmente a los carruajes del servicio de Felipe. Miraya, por un rasgo de penetración, desde antes del almuerzo dejaba solos a los enamorados. Entraba en sus cálculos que se creyesen, como antes, libres y en intimidad completa. Pasábase el día en Mónaco o en Rocabruno, no perdiendo el tiempo, por que allí abundaba la gente dacia, ya residente, ya de paso. Miraya conocía perfectamente con quién podía hablar, con quién debía guardar recato y silencio, y de quién no le era difícil recoger noticias, algunas de interés sumo. Las cartas siempre dejan dudas, aunque las de Stereadi, en cifra, por supuesto, contuviesen un tesoro de instrucciones categóricas. Desde que Felipe estaba dispuesto a salir del retraimiento y a tomar «parte activa» en la empresa —y bien sabía Miraya lo que había de entenderse por «parte activa»—, la faz de los negocios políticos había cambiado súbitamente, de la más impensada manera. El gran notición era que el duque Aurelio, el propio duque Aurelio, renunciando a sus desapoderadas ambiciones, dejaba entrever propósitos de retirarse a la vida privada el día en que faltase el rey, o de contentarse, a lo más, con el papel de una especie de consejero altísimo, de un lugarteniente del monarca futuro, para el caso probable de una guerra. El día en que Miraya dio cuenta a Felipe María de esta nueva actitud del duque Aurelio, al ver pasar por el rostro movible y finamente pálido del príncipe una expresión de contento, el periodista no pudo menos de menear la cabeza, murmurando:

—¡Hay que desconfiar!... Es demasiado bonito... ¡Soltar su presa el buitre!... ¡Milagro como él!

—De todos modos, Sebasti —indicó Felipe—, esa novedad nos despeja el camino.

Volvió Miraya a hacer el mismo gesto de recelo y precaución. No obstante, en breve los hechos le obligaron a reconocer que, efectivamente, la actitud del duque, cada día más acentuada en el sentido de la abnegación, producía en Dacia efectos maravillosos, exaltando y difundiendo el movimiento felipista. Había tratado hasta entonces Miraya, perseverante en su sistema prudente y cauteloso, de evitar que algunos personajes lacios de los que concurrían a Mónaco lograsen su deseo de ver, saludar y rendir homenaje a Felipe. Mas ya la ola de curiosidad, de simpatía y de entusiasmo iba siendo sobrado impetuosa para que se pudiese reprimir. Diferentes personas se presentaron en varias ocasiones a la puerta de la Ercolani, solicitando ver a Felipe y marchándose enojadas o condolidas de la negativa; y Esteban, el leal cochero, enteró a su amo de que ciertas señoras dacias le habían ofrecido reservadamente fuertes cantidades, para saber en qué dirección pasearía el príncipe —a fin de hacerse las encontradizas y contemplarle al paso—. No hay monarca que no provoque este anhelo de la vista, fruto de la misma idea que les atribuía, en la Edad Media, y aun en épocas más recientes, la virtud de curar los lamparones con solo imponer las manos: forma de la atracción propia del rey, filtro mágico de su presencia... Esteban refería a Felipe cómo alguna de aquellas señoras, ante su negativa, se había echado a llorar, diciendo que era duro no poder mirar el rostro de su príncipe, después de haber corrido bastantes riesgos para introducir en Dacia sus retratos, y de haber sido insultadas por los oficiales de un regimiento adicto al duque Aurelio, a cansa de lucir en el pecho el lazo blanco y rojo...

Cierta mañana, buscó Miraya ocasión de departir confidencialmente cinco minutos con Rosario, y a la noche, la chilena, adoptando el tono pensativo y afectuoso que acostumbraba para hacer esta clase de indicaciones —como si pidiese algo que la interesase personalmente—, dijo a Felipe:

—Mira, compláceme en esto... Tengo el capricho de que hagas una excursioncita a Mónaco.

Y como Felipe, cuyas mejillas se encendieron ligeramente, solo respondiese con un gesto ambiguo, ella insistió.

—Debes ir. Déjate de aplazamientos. Sé que hay mucha gente de allá hambrienta de echarte la vista encima. Es justo darles esa satisfacción... Merecen algo por el cariño que te tienen... Cosa convenida. ¿Cuándo se hace esa expedición? ¿Mañana?

—No hay tanta prisa... ¡Ya veremos! ¿Y tú, nena? ¿Vendrás también? —preguntó con zalamería Felipe.

—No... —respondió Rosario, venciéndose con energía sobrehumana—. Para ir yo, más valdría que no fuese nadie... ¡Felipe, bien me comprendes! Irás solo... es decir, con Miraya... Yo... sabré lo que ha sucedido... Me lo contarás a la vuelta... Y me traerás de allá... si quieres... ¡un ramo de flores...!

Quedó resuelta la expedición para dentro de dos días. Miraya debía adelantarse, a fin de correr la voz entre la colonia dacia deseosa de ver a su príncipe, y que podía agruparse, con este objeto, a una hora determinada, en la terraza del Casino. La promiscuidad y libertad de esos casinos absolutamente cosmopolitas, donde se mezcla y confunde gente de las más diversas procedencias, y que sirven de punto de reunión a todos los extranjeros, no solo de noche, para la batahola del juego infernal que se juega allí, sino por la tarde, a las cinco, en busca de las emociones más suaves y anodinas del concierto —serían favorables a la escena que Miraya quería representar; escena histórica, a pesar del carácter nada solemne del teatro—. A la noche regresó Miraya, y encontró en la revuelta del camino, sentados sobre un ribazo, a los enamorados, que le esperaban para saber «qué tal había marchado eso». A decir verdad, era Rosario la que demostraba interés y hacía afanosamente la pregunta: en cuanto a Felipe María, afectaba guardar silencio o querer llevar hacia otros caminos la conversación. Pero Miraya no lo consentía: venía rebosando júbilo, excitado, radiante. ¡Qué recepción se le preparaba al príncipe! Él mismo no sospechaba que en Mónaco se encontrasen reunidos tantos partidarios suyos: los había de todos colores, de los amigos de Stereadi y de los del partido antiguo entre estos se contaba, por cierto, un sobrino del duque de Moldau, un oficial, mozo simpático y, encantador; el conde de Nakusi, cuyo entusiasmo era contagioso. «¡Si le viese usted cuando supo que mañana conocerá a su príncipe! ¡Yo creí que se volvía loco! Y todos están en la misma tessitura. Tendremos una ovación. ¡Cómo corren las noticias! Un reguero de pólvora... En hora y media se enteró todo Mónaco... Verdad es que allí la gente forma una colonia unida desde medio día hasta media noche para divertirse, flirtear y derrochar... ¡Qué ambiente el de ese paraíso del goce! Allí hay efluvios... Y nadie faltará: Nakusi jura que se han acabado los miedosos, porque el duque Aurelio dice donde le pueden oír, que se ha convencido, que el trono es del príncipe Felipe María, y que él no aspira más que a ser su primer vasallo, ¡el más fiel de todos...!».

—¿Pero eso es auténtico? ¿No hay exageración? —preguntó Felipe María, estremeciéndose.

—Auténtico y real... Tenemos los hados propicios —añadió Miraya accionando como un energúmeno. Y dejando desbordarse la abundancia del corazón, exclamó, sin saber lo que decía—: Todas las noticias favorables. El rey empeora...

Esta vez Felipe frunció el ceño. Al fin y al cabo aquel hombre que declinaba hacia la tumba era su padre, el que le había engendrado, el que le tuvo en brazos y acaso le besó, aunque Felipe no lo recordase... Miraya, olfateando el yerro cometido, se apresuró a anegarlo en un río de palabras.

—La conversión del duque Aurelio también no deja de darme en qué pensar... Al pronto me pareció una estratagema... ¡Enmendarse ese lobo viejo! Pero, bien mirado, es posible que la opinión se le haya impuesto de tal manera, que no halle medio de resistir; y como buen estratégico, entenderá que una retirada honrosa es cien veces preferible a una derrota humillante. Dacia está que arde, no cabe duda: la hostilidad de Rusia, los vientos albaneses que corren, las complicaciones que se presentan por la parte de Turquía, ciertas indicaciones transparentes del Gabinete de Viena, y, más que todo, la certidumbre de la enfermedad mortal del rey, noticia que se ha divulgado por todas partes, a pesar de los tapadijos de médicos y palaciegos, han producido tal estado de efervescencia en los ánimos, que oponerse a la corriente sería dar una prueba de locura. El duque habrá reflexionado. Es listo, muy listo, y los listos saben adaptarse a las circunstancias, cuando no pueden modificarlas a su antojo...

Sin embargo, al hablar así, el acento de Miraya revelaba todavía un temor indefinible.

Mientras fumaban en el pórtico, a la luz de la Luna, se combinaron los últimos detalles. Irían en el coche de guiar, con el tronco flor de romero, que aunque inquieto y mal domado todavía, era como pareja de corderitos en las diestras manos de Esteban. Llegarían a Mónaco poco después de las cuatro, y la aparición de Felipe en el Casino se verificaría a las cinco y media, cerca de las seis —el momento de más concurrencia—. Del resto no había que ocuparse: ya haría su oficio el entusiasmo... Estos pormenores los discutían Rosario y Miraya, mientras Felipe fumaba silenciosamente, más agitado de lo que quería dejar notar, pero con agitación reprimida, dominada por esa sombría actitud de impasibilidad aparente que sabía adoptar en las circunstancias graves y difíciles. En el fondo de su alma no existía la petulancia jactanciosa de Miraya, ni la tranquila convicción, generosa y fuerte, de Rosario. ¿Si en el último momento un desengaño viniese a frustrarlo todo? ¿Si en vez de ovación recibiese una acogida fría, irónica; si, al contrario, la exaltación revistiese formas grotescas; si en vez de simbólica entrada triunfal en Dacia, la aparición en el Casino de Mónaco representarse la estéril postulación del pretendiente siempre desairado? Era la primera vez que se decidía a exhibirse en público revestido de la aureola que presta el trono no solo a los que lo ocupan, sino también a los que con alguna probabilidad aspiran a ocuparlo. Su orgullo, su amor propio, enconado por las decepciones de su madre, que habían recaído sobre él, se sublevaban al solo pensamiento de un paso en falso, de una ridiculez, de un fiasco posible. Y las únicas frases con que intervenía en el diálogo confidencial de Rosario y Miraya, que bajaban la voz cual si tramasen un complot, eran rasgos de mal humor y displicencia, objeciones pueriles, augurios y vaticinios pesimistas —últimas resistencias de una voluntad que quiere ser forzada y secretamente aspira a que le ofrezcan un pretexto para dar el salto mortal, el definitivo.

VIII. Monárquica

Fue servido Felipe a medida de su recóndito deseo; Rosario y Miraya le empujaron, le estimularon, pacientes y optimistas, anunciándole toda clase de bienes, tolerando en silencio sus arranques de enojo. A la hora señalada, tal vez minutos antes, Felipe subía al coche y tomaba las riendas, con Esteban al lado, por precaución: Miraya había preferido el cómodo asiento interior, sin responsabilidades. Así, erguido en el estrecho pescante, con la irreprochable corrección de su traje claro, con la distinción enteramente moderna y afinada de su cabeza y de su actitud, con la diminuta boutonnière blanca y roja florecida en su ojal, con la ortodoxa posición de sus manos, que calzaba flexible guante de amarilla gamuza —antes que heredero de una corona y que sale a buscarla, parecía Felipe uno de tantos de esa clase numerosa, mal definida, en que caben desde el caballero de industria hasta el más legítimo y empingorotado aristócrata— la clase de los sportmen, creación de una edad en que se rinde culto al lujo disfrazado de ejercicio físico, y en que, así como en la Edad Media se tenía a menos no poder romper una lanza, se tiene en poco al que no es capaz de dominar un caballo con la rienda o con el freno.

Desde el vestíbulo, Rosario vio salir el coche, y tuvo valor para despedirlo con una sonrisa y un ademán enteramente cordial. Así que, al ruido y volteo de las ruedas, el batir de los cascos del fogoso y soberbio tronco, sucedió un silencio plomizo, total, un silencio que envolvió de súbito el alma de Rosario como una sábana de nieve, la chilena, lentamente, cruzó el vestíbulo, atravesó el atrio y el peristilo, pasó bajo el pórtico sin volver la cabeza para mirar a los faunos, que, inalterables, reían con regocijo malicioso; salió a los jardines, dejándose caer en su sitio favorito, en el asiento de jaspe, bajo la dorada sombra del templete, y recostó la frente en el respaldo del banco de mármol, tibio del calor del día. ¡Ah! ¡Qué instante de reposo aquel!

Había creído Rosario que al ausentarse Felipe María, dejándola sola por primera vez una tarde entera, la esperaba un dolor furioso, una especie de convulsión moral; y se asombraba al advertir que sentía, por el contrario, como una especie de amargo alivio, una tranquilidad de muerte, pero, al cabo, tranquilidad. Las almas resueltas, predispuestas al heroísmo hasta por ley de herencia —el padre de Rosario había dado gustoso su vida por la independencia de su patria— saben beber así, de un trago, sin repugnancia, el cáliz del sacrificio. Rosario no titubeaba; no conocía el desfallecimiento. Tristeza, sí; una tristeza inmensa, que empapaba su alma como la hiel empapa la esponja por todos sus poros y ojillos. Aquel lugar, lleno de memorias, aquella atmósfera vibrante aún de amor y de ilusión infinita, aumentaban el sentimiento de fatiga y de indiferencia hacia todo, que invadía a Rosario. El templete era tan lindo como antes: las verdes enredaderas trepaban con la misma gracia airosa enroscando sus delgadas columnitas, pulimentadas por los siglos; al través de los intercolumnios se veía el mar, tan cerúleo y apacible como siempre —mar que, al parecer, no conocía las tormentas que también azotan el alma humana—; la decoración era igual que cuando llegaron a Ercolani, la mañana inolvidable en que Felipe, enajenado, no sabía desprenderse de su cuello ni soltar sus manos, ni dejar de beber su aliento con sed inextinguible; pero, ¿dónde estaba ya la rosa amorosa, aquella flor de esplendor tan breve? El poeta tenía razón; había que respirarla cuando el rocío matinal la impregnaba aún; que después...

Lo singular es que Rosario no por eso acusaba a Felipe. Un sentimiento tan completo y profundo como el de Rosario permite estados morales contradictorios: la pasión es casi siempre, en medio de su vehemente exclusivismo, un fenómeno complejo, y al alma en ella está como el niño en el columpio, tan pronto en el suelo como por las nubes. Rosario, maestra en el arte de depurar y limpiar de toda sombra la imagen de Felipe, se entregaba —a aquella misma hora, primera de su soledad, mientras apoyaba la frente en sus brazos y sus brazos en el mármol— a la consideración de lo que pasaría en su alma si, en vez de ser abandonada por una corona, lo fuese sencillamente por otro amor. Y su sangre española, su sangre de fuego, hervía a esta sola idea, como lava. ¡Ah, entonces! Rosario se complacía, con trágico deleite, en figurarse el caso, y ya se veía empuñando el cuchillo, descargando el certero golpe... Tenía fuerzas para hacerlo, fuerzas sobradas, valor irreflexivo y ciego, el empuje salvaje de la manola, que antes quiere ver muerto lo que ama, que perdido indignamente. Pero no se trataba de eso. Rosario —sin que en tal convicción tuviese parte alguna la vanidad— comprendía que su atractivo era lo suficiente para no temer rivalidades, y que no podía otra mujer disputarle la victoria. Distinto sentimiento llenaba en el corazón de Felipe María todo el lugar que no ocupaba ella... Cuando los labios pálidos de su amante temblaban; cuando se dilataba su nariz, y por sus ojos azulinos cruzaba cierta lumbre fosfórica, ya sabía Rosario qué ideas causaban estos síntomas: conocía la enfermedad, inciada hacía tiempo, desarrollada lentamente, de marcha segura y cada vez más rápida, instinto primero, obsesión después, y ya posesión entera y absoluta del ser de aquel hombre, en cuyas venas residía el germen del mando y la tradición del puesto aparte entre los demás hombres. Inútiles habían sido los remedios, vana la resistencia: poco a poco, sin crisis agudas, la ambición había ido labrando en Felipe, y ya le absorbía por completo, de la cabeza a los pies, a pesar del último y casi desgarrado velo de recato que aún intentaba poner entre su voluntad y los hechos...

Y Rosario —hay que repetirlo— no le acusaba. Ni aún daba a la pasión violenta de Felipe el severo calificativo de ambición. Era la legítima reivindicación de un derecho —del derecho más alto y más grandioso de la tierra—. ¿No se había inmolado ella, de antemano, a este derecho, vinculado por la sangre en Felipe? ¿No había arrojado por la ventana su honra y su felicidad, su dignidad y su orgullo de mujer, resignándose a no ser más que el pasajero capricho de algunas horas, la humillada, la abandonada luego? ¿Qué no valdría lo que tanto costaba?

Sepultada en aquella honda y muda pena, paladeando el ajenjo a sorbos continuos, sin rechazarlo ni aun de pensamiento, Rosario miraba hacia el mar, como pidiendo a aquella superficie serena el secreto de la resignación que exigen los sacrificios totales. La energía desplegada hasta entonces por Rosario, ¿qué era en comparación de la que iba a tener que desplegar en lo sucesivo? Rara vez, en los primeros momentos de abrazar una resolución decisiva y terrible, se tienen bien medidas sus consecuencias. No alcanza la imaginación a abarcar todas las combinaciones de la suerte. Se supone que un salto no es más que un salto, gigantesco, loco, pero salto al fin... y no se presume lo que sigue al salto: los miembros ensangrentados y rotos, los crueles dolores, el amargo martirio de sobrevivir a la caída... Cuando Rosario, liándose a la cabeza su mantilla de blonda, sin cambiarse los zapatitos finos, pisando la nieve pura, había volado a la cabecera del lecho de Felipe María herido de muerte, mal podía representarse la serie de sucesos que se derivarían de aquel: la asistencia, la convalecencia, el idilio trágico en la Ercolani; pero, sobre todo, lo que no supo presentir, fue otra cosa que apenas se había confesado a sí misma, que todavía en aquel momento de reflexión desesperada no quería aceptar como un hecho, y que de tal manera complicaba su destino. Bien lo recordaba Rosario: con el arrojo de la juventud, al instalarse a la cabecera de Felipe, se decía a sí propia: «Hay para todo mal, para el mayor daño, un supremo remedio...». Y he aquí que la suerte —o Dios, porque Rosario volvía a notar el fondo de fe religiosa de su raza— disponía de tal modo los acontecimientos, que le quitaba esa pronta y decisiva solución, la que había de coronar heroica y terriblemente la abnegación de su alma... No tenía Rosario derecho a morir; y al comprenderlo así, un estremecimiento desesperado corría por sus nervios, y una titula surgía en su conciencia, haciéndola oscilar hasta su misma raíz. ¿Cabía prescindir de este nuevo dato? ¿Tenía derecho a disponer de otro destino, asociándolo a la catástrofe del suyo?

Hubo un instante en que tal suposición pareció a Rosario el mayor de los absurdos y hasta de los crímenes. Levantando la cabeza, irguiéndose, fuerte en su santa energía repentina, vio otro horizonte nuevo: felicidad tranquila y absoluta, lejos de las sugestiones de la ambición: una situación normal, idéntica a la de los demás seres humanos que en su camino no han tropezado con la corona... Y sus ojos, en vez de abismarse en lo infinito del mar, recorrieron el templete y las perspectivas del jardín, y su fantasía acogió un sueño delicioso, una esperanza de dicha consagrada por el deber más dulce y adorable de los deberes... Rosario conocía su fuerza. Miraya tenía razón: esta fuerza era incalculable; no se había gastado ni disminuido por concepto alguno: podía ejercitarla y recordar a Felipe sus explícitas proposiciones de matrimonio; resistencia o vacilación en Felipe, no la imaginaba siquiera: comprendía que a su primer reclamación, Felipe pagaría la deuda con la puntualidad estricta del jugador que entrega su última moneda de oro, aun cuando haya de suicidarse en el acto a la salida de la casa de juego. Y aquello era la seguridad del porvenir, y Rosario veía sucederse los años, en la tranquila posesión de su hogar, entre la consideración social, en la plenitud de los afectos lícitos, madre feliz, disfrutando caricias y halagos que envidiarían, si capaces fuesen de envidia, los ángeles del cielo...

Rosario se incorporó sacudió la cabeza y volvió lentamente a la villa. Comió sola, sin apetito, abstraída, dominada por la idea seductora que se apoderaba gradualmente de su espíritu. Al caer la tarde, no pudiendo resignarse a esperar en la sala, pidió mi abrigo, un capaz de seda gris, y tomó el camino del sendero por donde había de volver el coche. Andaba despacio, a fin de hacer más breve la espera. La Luna alumbraba la senda, y las luciérnagas despedían, entre los perfumados matorrales, tenues reflejos verdosos, como de agua, que recordaron a la sobrina de Viodal, en aquella hora crítica de su vida, los Cuatro elementos, el acuario, la elegante inclinación de la Dríada de mármol volcando su urna, de donde eternamente fluía un chorro inmóvil. Llegó hasta el ribazo donde habían esperado ella y Felipe a Miraya la víspera, y por involuntaria rutina, se sentó en el mismo lugar, sobre la yerba todavía hollada. Allí aguardó, hasta que el ruido de las ruedas y el trote recio y algo desigual de los caballos anunciaron la llegada del coche.

Al verla, Felipe dejó las riendas a Esteban y saltó a tierra precipitadamente, movimiento que imitó con la pesadez de su rechoncha persona Miraya; y los dos hombres, como si no acertasen a reprimirse, sin conciencia de lo que hacían, transportados, prorrumpieron en exclamaciones:

—¡Rosario! ¡Ah, si vieses! —decía Felipe.

—¡Qué día! ¡Qué hermoso día! —confirmaba Miraya—. Es imposible que te formes idea.

—Ha sobrepujado a nuestras esperanzas todas, todas.

—Es que en realidad tuvo mucho de delirante... ¿Verdad, Miraya?

—Sí, en ciertos momentos yo temía por Vuestra Alteza...

—¡Ah! No, no había miedo —declaró Felipe respirando fuerte y cogiéndose del brazo de Rosario, como si necesitase apoyo para soportar el peso de una emoción potente, abrumadora. La chilena le miraba, y a la clara luz de la Luna y al reflejo de los faroles del coche, detenido súbitamente, notaba la transfiguración de su rostro, la exagerada fosforescencia de sus ojos, semejante al reflejo misterioso de las luciérnagas entre los matorrales... Jamás, ni en los instantes de efusión más apasionada, había visto así Rosario aquella cara fina y viril a la vez, dúctil como cera, en que tan visible huella marcaban las impresiones de todo género —cara nerviosa, inestable como el agua—. Por fin, después de tanto tiempo, Felipe aceptaba, con los brazos abiertos, con un impulso de todo su ser, la lucha y el triunfo; y su cabeza, orgullosamente erguida, pareció a Rosario más alta sobre los hombros. Él, entretanto, no cesaba de exclamar, estrechando el brazo de la chilena.

—¡Si vieses! ¡Si vieses! Nunca esperé...

—¿A ver, a ver?... ¿Qué pasó? —preguntaba ella ansiosamente, poseída de curiosidad febril, olvidada ya de sus propósitos, de cuanto no fuese aquella emoción avasalladora.

—¡Una cosa espléndida, increíble! —explicó Miraya, vibrando de gozo—. Aún me tiembla el cuerpo, señora, porque las grandes alegrías parecen epilepsias. El Casino, atestado de una concurrencia brillantísima; la sala de conciertos, que no cabía un alfiler... Y, sin embargo, a nuestra llegada, empieza a alzarse un rumor que va en crescendo, que zumba como el viento, como el mar, y las olas humanas nos rodean y se abren para dejar paso al príncipe, y las cabezas se descubren, y las manos se tienden, y las señoras luchan por acercarse... La orquesta, ante aquel imponente ruido, calla; y cuando el príncipe llega cerca del estrado, el director —Dorokali, un albanés— se inclina hasta el suelo, se vuelve, hace una seña, levanta la batuta..., ¡y rompen a tocar el himno dacio, de Ulrico el Rojo! Entonces la explosión es completa: la gente electrizada, estalla en aclamaciones; se precipitan, aclaman al príncipe, ¡y hasta a mí me vitorean! ¡Hasta a mí!

—¿Eran de Dacia? —murmuró Rosario con afán.

—¡De Dacia y de todas partes! ¡Si es lo que me ha extrañado, si es mi gran asombro! ¡Un auditorio cosmopolita, contagiado de entusiasmo, gritando, apostrofando, agitando pañuelos! ¡Nuestra causa es ya europea, yo bien lo sabía! ¡Europea!

—¿Te han vitoreado, Felipe? ¿Te han vitoreado mucho?

—Miraya puede decirlo... —contestó él con voz enronquecida—. ¡Si estoy medio sordo aún...!

—¡Nada, señora, era un delirio, un frenesí!... ¡Y no había allí más que gente escogida, elegante, difícil de entusiasmar! ¡Pero se ha roto el hielo! ¡Se me olvidaba!: las señoras, engalanadas con ramitos de flor blanca y roja.

Muchas se los quitaron y se los echaron al príncipe alfombrando el suelo... ¡Flores y más flores! Mire usted cómo viene ese coche...

Rosario miró. Hasta aquel instante no lo había notado: la caja, en efecto, estaba atestada de flores finas; mazos de rosas, de lilas, de azaleas, de gardenias y narcisos; enormes ramos de orquídeas y de tulipanes, se hacinaban en el estrecho fondo, desbordándose por todos lados, inundando de esencia el aire. Y Miraya cogía las flores, las removía, deshojándolas con sus gruesos dedazos, repitiendo la escena de Mónaco, tapizando el suelo a los pies de Felipe. Entonces Rosario, a su vez cogió uno de los ramos y lo arrojó al paso de su amante, en un transporte un posible de describir, y más aún de analizar. Hubiese querido arrojarse ella misma, arrodillarse y saludarle rey; y en aquel instante de embriaguez singular, de absoluto olvido de sí misma, de alegría en el martirio, nada podía prevalecer contra el intenso, el profundo placer de considerar ya a Felipe María distinto de los otros hombres, sagrado y ungido por esa especie de divinidad en lo humano: la realeza. ¡Sangre de rey! ¡Derechos reales! ¿Cómo podía haber prescindido un instante Rosario de que Felipe era un ser aparte, sometido a otras leyes y a otras exigencias que los demás? Lo que importaba al resto de los mortales era indiferente a Felipe y, en cambio, intereses misteriosos, sacrosantos, iban adheridos a su persona...

Miraya continuaba dando suelta a la emoción:

—Claro es que los lacios gritaban más... El conde de Nakusi estaba como loco, y al resonar, después del canto de Ulrico, el himno nacional albanés, trepó a una silla, para que desde allí se le viese agitar el sombrero... ¡Qué hermoso día; qué hermoso día! Costó un trabajo muy grande disuadir a los dacios arrebatados de júbilo y de amor, de que escoltasen a Felipe María con coches y a caballo, hasta la Ercolani... pero no se pudo evitar la manifestación en la terraza y en los jardines, ni que un grupo, capitaneado por Nakusi, rodease el carruaje en el momento en que Su Alteza subió a él...

—¡Hasta Nordis me aclamaba! —murmuró Felipe.

—¿Nordis estaba allí? —preguntó con extrañeza y dejos de inquietud Rosario.

—Allí estaba ese pez... Los de Aurelio se nos han pasado todos: ¡si ya no hay disidencias! —declaró Miraya que, sin embargo, pronunció esta frase con menos aplomo—. ¡Y el príncipe ha estado admirable, señora, admirable de todo punto!, ¡inspirado! Al despedirse... cuando oyó gritar «¡Viva nuestro príncipe!», respondió así: «¡Viva Dacia!». «¡Viva la independencia!» No sé si me creerá usted... ¡pero se me humedecieron los ojos!

IX. El aparecido

Desde aquel momento, Felipe entró en su papel del todo, sin que se volviesen a mentar vacilaciones y escrúpulos. ¿No era, casi oficialmente, el príncipe heredero de Dacia? ¿No habían desaparecido los obstáculos? ¿No henchía el viento propicio las velas del deseo? ¿No cooperaban a la obra cuantos veía en torno suyo; la mujer amada, los entusiastas partidarios, hasta los criados, que ya se llamaban a sí propios servidumbre, y sentían —empezando por Adolfo, el ayuda de cámara, como buen parisiense, escéptico por fuera y lleno de ilusiones por dentro— ese singular transporte, fenómeno mal estudiado por la psicología, que se llama adhesión? Un incidente demostró estos sentimientos de los servidores.

Dos días después de la excursión a Mónaco, Esteban el cochero se presentó a Rosario, a tiempo que esta atravesaba el atrio para dirigirse a la sala de baños, y gorra en mano y con voz dolorida y quebrantada, explicó que sufría una desgracia muy grande: desde Dacia le reclamaba con urgencia su madre, por que su anciano padre había aparecido muerto al pie de un muro. «Sospecho que lo han asesinado —decía trémulo Esteban—, y mi madre tiene miedo de sufrir la misma suerte. ¡Pero marcharme ahora!...» —exclamaba, poniendo en esta frase todas sus ilusiones de patriota lacio, todo su fervor monárquico, todo el ciego interés que le inspiraba Felipe María.

—No importa, Esteban —pronunció la chilena afectuosamente, pues era muy dulce con los servidores, y en especial con aquel, en quien sentía la lealtad de un can valeroso y sumiso—. No importa. Se va usted al punto. En Mónaco, encontrará fácilmente Su Alteza cochero que haga estos días el servicio. La madre es primero que todo.

—Pero, señora —exclamó dolorido el cochero, que no quería convencerse aún—, ¡si no comprendo cómo ha podido ser eso! Mi padre no tenía enemigos. Un anciano inofensivo, un veterano de la «guerra antigua» de Iliria, a quien todos estimaban... ¡Asesinarle! Es imposible; habrá pasado cualquier cosa, ¡qué se yo! Una muerte natural, de seguro, y la pobre vieja, trastornada por la pena, habrá creído... Se engaña, de fijo... ¡y vale más que se engañe! Porque si hubiese habido alguien tan infame que se atreviese... —Y la cara morena y aguileña de Esteban adquirió, en la energía de su expresión de cólera y odio, la dureza de una faz metálica, fundida en bronce.

—Sea lo que sea, Esteban, usted se va enseguida —ordenó Rosario—. Ni un minuto más se detiene usted aquí. No hace usted falta; con Cipriano y los troncos de diario, tenemos servicio. Yo me encargo de excusarle con Su Alteza. Vaya tranquilo, consuele a su madre...

Esteban, balbuciendo frases de agradecimiento, dio todavía algunas vueltas a su gorra antes de resolverse a marcharse; y decidiéndose por último, declaró:

—No voy tranquilo, señora... por los troncos buenos. El flor de romero, sobre todo, que no lo pongan en manos de algún torpe... ¡Podría ocurrirle a Su Alteza un lance!... ¡Si hubiese en Mónaco cocheros que supiesen su obligación!... Son caballos jóvenes, muy inquietos y de mucho poder; no van a estarse así tanto tiempo sin trabajar... y el que los saque, necesita saber lo que lleva...

—No se apure usted —dijo Rosario, compadecida del fiel servidor—. Todo se arreglará, le doy mi palabra. Aproveche usted el tiempo y váyase cuanto antes, sin pensar en nada más. Ahora mismo le mandaré dinero para el viaje.

Apenas se había retirado Esteban, cuando una sombra se atravesó entre Rosario y la luz, y el grito que la chilena iba a exhalar se ahogó en su garganta al reconocer a Yalomitsa. Era, sí, el bohemio; pero en mi estado de tan lastimosa decadencia, tan lacio de melena, tan convertido su vivo color de cobre en el tono verdoso que presta la enfermedad a los rostros morenos —lastimera transformación de aquel Gregorio alegre e imprevisor como un niño o como un pájaro— que la chilena en vez de tenderle las dos manos con el amistoso ímpetu de la confianza, con la afable franqueza de la hospitalidad, se detuvo sobrecogida.

—¿No me conoces ya, Sari? —preguntó tristemente el bohemio—. ¿Has renegado tú también?

—¡Gregorio! —murmuró por fin ella, acercándose—. ¡Gracias a Dios! Yo le había dicho a Felipe que le escribiese a usted convidándole a venir...

—Nada me ha escrito, hija mía... Y era natural. Felipe no quería verme, no. Es decir, el que no quería verme... ya no es Felipe, mi Lipe, mi amigo, a quien de niño tuve a caballo en las rodillas. El que no quería verme es Su

Alteza, el príncipe Felipe María de Leonato, heredero del trono de Dacia, y aclamado en Mónaco hace pocas horas... Vengo bien informado, como ves. Tengo noticias frescas...

—Lo que vendrá usted es muy cansado, muy deseoso de bañarse y reposar, y de tomar algo...

—¡De comer... razón tienes! —contestó melancólicamente Yalomitsa—. ¡No todos los días he comido en París esta temporada, hija del corazón! ¡El comer es un lujo como otro cualquiera... y yo... qué diablos!...

—Pero, ¿por qué no se ha venido usted, Gregorio, escapado, derecho aquí? ¿No somos sus amigos? Nos ha jugado usted una mala partida...

—¿Venir? ¿A estorbaros, a estropear los únicos días buenos que en la vida habéis tenido? Yalomitsa no hace eso... Si me ves aquí ahora, es que he sabido la presencia de Miraya, y puesto que aguantáis a ese, me aguantaréis a mí.

—Ha hecho usted muy mal en no venir antes... En fin, no le quiero reñir más...

—Mi trabajo me ha costado pagar el viaje... No creas que el dinero se encuentra debajo de las piedras, ni que la gente lo suelta de buena gana. Creen todos que las monedas, si las guardan, van a acompañarles hasta la sepultura; que se las van a llevar en el bolsillo al otro mando...

—¿Por qué no escribió usted? —insistió Rosario, cada vez más cariñosa, sintiendo los efectos de una tierna lástima ante aquella derrotada catadura—. Le hubiésemos enviado a vuelta de correo cuanto le hiciese falta.

—¡Pch! ¡Escribir yo! ¡Escribir por monises! No, hija... Ya sabes que detesto escribir. No hay invención más estúpida que la de la tinta. ¡Así se llevase Judas Iscariote a todos los que embadurnan papel, empezando por el lagartón de Miraya, que tiene la culpa de la mitad de tus desgracias, pobrecilla!

Rosario hizo un movimiento, sorprendida de aquel rasgo de sagacidad del bohemio.

—¡Es usted incorregible! —dijo sonriendo y bromeando—. Venga usted —añadió—, venga usted a descansar, a asearse, que después se le arreglará de ropa... El príncipe se cuidará de eso.

—¿El príncipe? ¿Hay algún príncipe aquí —preguntó el bohemio, enseñando sus dientes blancos y agudos—. Si hay príncipes, que me lo avisen... iporque pondré pies en polvorosa!...

—Para usted solo hay aquí amigos, Gregor... Tenga usted juicio alguna vez y déjese guiar. Le cuidaremos, le trataremos divinamente, y volverá usted a estar tan bien y tan satisfecho como en París. No se oponga usted a que yo le mime.

—Por ti, hija mía... ipor ti me pongo yo a cuatro patas... de alfombra de esos piececitos, que deben moldearse en oro, para que la posteridad sepa lo que es un pie de mujer hermosa, un verdadero pie de los países del Sol! Pero por mí... ¿qué más da? No creas, al verme tan flaco y tan verde, que la causa de mi abatimiento es la miseria. No; es que me puse de mal humor, caí enfermo, y me hallé solito, olvidado de todos, próximo a reventar en un rincón como un perro... Tengo yo salud, y me reiré del mundo, y sobre todo del dinero, del maldecido dinero, por el cual se hacen tantas picardías y tantas indecencias, como si al morirnos no hubiésemos de dejarlo ahí todo, todo... Mira, el día en que tu Felipe se ponga majadero con la corona, ¿sabes?, a Gregorio Yalomitsa no le faltan recursos jamás... Agarro mí violín y me voy por los caminos y las aldeas, tocando mis himnos y mis sonatas, más contento que un arzobispo... Aquí me dan un pedazo de pan; allí un vaso de vino o una copilla de aguardiente; este me ofrece un cigarro, el otro me suelta un par de botas viejas, tan viejas como las que llevo ahora... iY Gregorio vive, y Gregorio se ríe de la suerte y de las mojigangas y farsas de este mundo! iEsa vida fue la de mis primeros años... y solo en ella se es libre y dichoso!

Al Hablar así, ya la expresiva y gesticuladora faz se había iluminado y transformado; corría por ella otra vez la sangre, los ojos de azulada córnea brillaban, y el pelo revuelto vibraba y se sacudía como el de los monigotes de médula de saúco sometidos a los efectos de la corriente.

—Pero, Gregor —objetó Rosario—, no me negará usted que ese traje andrajoso...

Hablando así le remiraba, y notaba lo mugriento de la corbata, la absoluta falta de botones del chaleco, lo destrozado del pantalón, y el lastimoso estado de las altas botas, pareciéndole que se reían al borde de la suela, y que las arrugas no eran arrugas ya, sino cortes transversales.

—¿Miras mi facha? —exclamó regocijadamente el bohemio—. ¡Mírala, hija, que tiene que ver! En las estaciones te aseguro que he pasado ratos deliciosos. Aquí, donde todo se vuelve elegancia, última moda y lujo —un lujo exagerado y ridículo, de cocottes—; aquí, donde las mujeres se pasean por el andén con dos cientos francos de plumas en los sombreros de paja y mil de encajes en el vestido de batista, me han mirado como se mira a un ser caído de otro planeta, y he oído carcajadas detrás de los abanicos... ¡Si te dijese que el cobrador quería echarme del tren, nada más que por mi pergeño! ¡Empeñado en que yo había robado el billete de primera! Porque vine en primera. ¿Qué te figurabas tú? Ya que tenía con qué... Y al bajarme, en Mónaco, me quedaban ocho francos; pero los di de limosna a la mujer de un pescador... Así es que tuve que venir a pie. ¡Hace calor, hija!

—Gregor, es tiempo perdido decirle a usted nada... ¡Si ha de ser usted lo mismo siempre...!

—Lo mismo... Yo no nací para veleta... —añadió el bohemio, recargando el yo—. Y tú, paloma, ¿qué tal? ¿cómo lo pasas?

—Bien, Gregorio... muy bien...

—Pues te encuentro desmejoradilla, ¡vive Dios! ¿Y Lipe; puede saberse qué hace Lipe? Tengo más ganas de verle que de beber un grog cargado de ron...

—Beberá usted el grog antes... En este momento, Felipe despacha con Miraya, y ha mandado que no le interrumpan...

Yalomitsa se echó atrás. Sus ojos lucieron con salvaje inquietud y, con indescriptible fiereza irónica.

—¿Y va conmigo esa orden? Conmigo, con Gregorio Yalomitsa, que le ha tenido en brazos, que he sido el amigo y el confidente de su madre? ¡Centellas! ¡Sari, le calumnias! Ahora mismo he de abrazar a Felipe, y ahora mismo me vas a llevar a donde esté... ¡Después de los sacrificios que hago por venir! ¡Pues no faltaba otra cosa! ¡Centellas!

Y arrastrando a Rosario, antes que dejándose conducir por ella, Yalomitsa penetró en el despacho como una bomba.

X. Instinto

Contribuyó la presencia del bohemio en la Ercolani a despejar y normalizar la situación de Felipe y Rosario. Desde la llegada de Miraya se había establecido cierto alejamiento: lo que no fuese encontrarse completamente solos, era estar aislados: la interposición de un hombre equivalía a la de una multitud. Y lo que más les apartaba moralmente, no era la persona de Miraya, sino la idea representada, encarnada por el agente de Stereadi. En Miraya tenían que ver el símbolo de su eterna separación —tan próxima, y que sin embargo parecía una pesadilla.

Viviendo Yalomitsa bajo el techo de Felipe, constaba que a las horas dedicadas a la política, Rosario quedaba acompañada y atendida por alguien adicto y cariñoso, que gozaba fueros de pariente, y que por su humorismo inagotable, era como bufón voluntario, altanero y genial, a quien ninguna ley sujeta, a quien no mueve el interés, y que solo por amistad se presta a espantar ajenas melancolías. Yalomitsa, excluido de los consejos y de liberaciones, «acompañaba» a Rosario, y cada día el cargo daba más que hacer, puesto que cada día estaba Rosario más sola, y mayor número de horas. Ya no era caso desusado el que Felipe y Miraya se pasasen el día en Mónaco o en Rocabruna, almorzando allí, invitados por Nakusi, conferenciando después con los personajes dados de ambos partidos felipistas. La situación política era muy distinta que al principio. Como la actitud del duque Aurelio había suprimido el obstáculo más temible que la candidatura de Felipe podía encontrar, los dos partidos, casi desligados de su pacto, empezaban a practicar activos manejos para comprometer a Felipe en el sentido de sus miras e interés: la coalición, nunca muy estable, se había roto. Es el destino de las coaliciones todas: formadas por la necesidad de aplastar a un enemigo común, se desbaratan el día en que esta necesidad desaparece. Habiendo renunciado el duque Aurelio a sus pretensiones, más enfermo y decaído el rey a cada instante, ya Felipe no hallaba oposición; y a no ser por la sorda pero iracunda resistencia de la Reina, celosa hasta más allá de la tumba, no faltaba quien creyese que era posible llamar a Felipe María en vida de su padre, para que este sancionase libre y públicamente la transmisión de la corona. ¡Sí: a no ser por aquel rencor de una mujer constante en guardarlo y acariciarlo como se acaricia la hoja lisa de un puñal —rencor que no aplacaban el transcurso del tiempo ni la proximidad de la muerte—, Felipe podría ya entrar en triunfo, aclamado príncipe heredero, en lo que había de ser su reino! Pero mientras tanto y, aun cuando hubiese que aguardar la procesión de los sucesos —esa procesión que lo trae todo, las horas de triunfo y las de derrota, las de embriaguez y las de desaliento, las supremas y las últimas—, los partidos, mirándose ya con desconfianza, temerosos del porvenir, se empeñaban en asegurar la presa de antemano. Los liberales y Stereadi llevaban la mejor parte, porque tenían cerca de Felipe a su representante Miraya; pero los del partido antiguo, y el duque de Moldau a su cabeza, no dejaban de confiar en Nakusi, que si bien distaba mucho de poseer la inteligencia y el pico de oro del periodista, tenía sobre él la superioridad de la educación y del nacimiento y en su carácter un sesgo caballeresco, entusiasta y varonil, por el cual se había captado la simpatía del joven príncipe.

Cabildeos y gestiones, intrigas y esperanzas sazonadas, se traducían en movimiento, en una ausencia casi continua de la Ercolani, que ya era para Felipe María una especie de apeadero, donde descansaba antes de asistir a nuevos conciliábulos y de dejarse ver, solicitar y halagar por sus partidarios, nunca saciados de su presencia en los primeros instantes, Luna de miel del entusiasmo y la adhesión. Hoy era un viejo general cubierto de heridas, compañero del duque de Moldau, que solicitaba el alto honor de sentar a su mesa al príncipe; mañana una hermosa patricia, ornamento de la corte de Vlasta —una futura dama de honor de la futura reina de Dacia— que organizaba en los jardines de su villa un concierto o baile, pretexto para que desfilase ante el príncipe lo más lucido de la colonia. Y Felipe andaba de Ceca en Meca, en continua exhibición, oyendo el rumor halagüeño que se alzaba a su paso, y recogiendo, mezcladas con sinceras y vehementes pruebas de amor, las prematuras y enervantes auras de la adulación y la interesada bajeza. Eran anticipadas emociones del reinar las que saboreaba Felipe, y se le subían al cerebro como los vahos de un licor emponzoñado, como bocanada de opio que embarga la razón y la voluntad.

Entre sus aduladores más declarados y solícitos, contábase aquel conde de Nordis, agente y mano derecha del duque Aurelio —el mismo que en

París había preparado secretamente la campaña de La Actualidad y enseñado a Viodal una estocada pérfida, que solo por casualidad no envió a Felipe a contarlo al otro mundo—. No eran antecedentes para que Nordis fuese acogido con agrado, y efectivamente, Felipe, en dos o tres ocasiones señaladas, recibió las humildes protestas de Nordis con rostro grave y displicente. Miraya, partidario de los moldes anchos y conciliadores de Stereadi, hubiese aconsejado una dirección de tolerancia, desconfiada en el fondo; pero el conde de Nakusi, cuyo ascendiente en el ánimo de Felipe era cada día mayor, sentía por Nordis una repulsión física, invencible. «Podré creer —decía— en la sumisión y en la renuncia del duque Aurelio, que está dando a todos sus partidarios la consigna de adherirse a la causa del príncipe Felipe; pero ¡jamás!, ¡jamás! tragaré a Nordis; ni menos a sus adláteres Jegarsa el trapacero y Prunkay el espadachín. ¿Quiere saber Vuestra Alteza —añadía con calor— la verdadera causa de que la gente honrada y noble del país se horrorizase ante la contingencia del advenimiento del duque Aurelio al trono? ¡No era otra sino su... indulgencia hacia estos tipos sospechosos! Pedimos águilas y leones, no nos gustan los cuervos ni los buitres. No hemos olvidado que el duque Aurelio es un valiente, un gran capitán; pero nos parece que no ha debido consentir ciertas cosas... Se refieren episodios de la guerra que erizan los cabellos... Hay historias de mujeres atadas a un cañón, desnudas, en presencia de sus padres y esposos; de niños ensartados con los sables; de prisioneros con las orejas cortadas... ¡hasta de rescates por dinero! A mi tío el duque de Moldau no le agrada que se hable de eso... Cree que si tales cosas son verdad deben callarse, y si son calumnias, con mayor razón... Calumnias serán; tal vez el gran duque, obligado a hacer la guerra con tropas indómitas y feroces, no haya podido contenerlas, y ahora se le achacan a él las atrocidades de sus soldados...».

—Eso es lo más probable —observaba Felipe—. En todas las guerras pueden registrarse hechos análogos; si un caudillo es valiente, se le moteja de sanguinario y cruel.

—Cierto —asentía Nakusi; pero con el instinto de sencilla rectitud, que era la única ley de su inteligencia, añadía inmediatamente—: Mas, si eso no fue culpa del duque Aurelio, ¿a qué rodearse de gentuza como Nordis, como Jegarsa el falsario, comprometido en los negocios más turbios, hasta en el de la quiebra de cierta casa de banca judía, quiebra escandalosa, que nadie creyó, y que le costó al Estado varios millones; o como Prunkay, que se vale de golpes ilícitos en los duelos? Quien es honrado —declaraba Nakusi echando atrás la cabeza con desdén— mal hace en proteger a los canallas: él no los rehabilita, y ellos, en cambio, le desprestigian y manchan a él. Ahí tiene Vuestra Alteza a Nordis. De este no sabemos nada concreto, pero lo sospechamos todo; no conocemos su origen ni su familia; de lo que estamos seguros es de que no conviene jugar con él, y yo, no hace dos días, me he separado de una mesa de whist, porque vi que le hacían lugar... ¡Y a este hombre, dándonos a toda la nobleza de Dacia un bofetón en el rostro, se le otorga un título, se le inscribe en nuestro libro venerable! ¡Por eso, señor —añadió el joven conde de Nakusi con altanero brío—, por eso y por otras cosas que duelen en el alma a todo patriota, más de un «antiguo» de Dacia ha abrazado la causa de Vuestra Alteza, y está dispuesto a dar por ella, si necesario fuese, sangre y vida!

Cuando Nakusi hablaba así, Felipe María le miraba con interés vivísimo. La naturaleza de Felipe María era más intelectual que otra cosa, y su físico el de un hombre nervioso, impulsivo y variable. En cambio el conde Nakusi ofrecía el tipo de una raza militar y aristocrática a la vez, y sobre todo, enérgica, con su alta estatura, su ancho pecho, su cintura quebrada, su cara de un moreno sano y sanguíneo, su boca sana y de firme dibujo, su aguileña nariz y su mostacho castaño y retorcido. Seguramente en tal hombre no había afinación cerebral; sus raciocinios no eran profundos, pero sí justos y derechos, y su instinto, su primer movimiento, fruto de una voluntad entera y guiada siempre por la dignidad y el culto del honor, no podía engañarle. Sintiose Felipe lleno de confianza en Nakusi, y apoyando su mano en el hombro del mozo, preguntó afectuosamente:

—Usted, en mi caso, ¿recelaría algo de la presencia de Nordis?

—Sí, señor —contestó con fuerza Nakusi—. Tanto recelaría, que librárame Dios de aceptar nunca una taza de té que él me brindase. Vuestra Alteza tiene más entendimiento que todos; pero yo, lealmente, no debo ocultar mis recelos. No me ha mentido nunca el corazón cuando escucho su voz... ¡Guarde bien Vuestra Alteza su augusta persona! ¡A ese hombre con quien no he querido jugar, le creo capaz de todo! ¡De todo lo malo!

Felipe María calló. No le agradaba manifestar hasta qué punto le impresionaban los augurios de Nakusi, por no parecer pusilánime, defecto que él sabía que no se perdona a los reyes, ni a los que a serlo aspiran; y además, aquello no era pusilanimidad, como no lo es en quien camina de noche y a oscuras estremecerse si ve brillar unos ojos en la sombra. No podía olvidar que Miraya, y no por instinto, sino por análisis, había demostrado también una extraña aprensión al saber la venida y la aparente adhesión de Nordis a la causa de Felipe; y dominándose, con la fuerza de voluntad que sabía desplegar en casos como aquel, nuevamente murmuró, reflexionando:

—Pero si Nordis se atreve a intentar algo contra mí, ¿no será por iniciativa propia? ¿Tendrá instrucciones?...

Nakusi bajó la cabeza: no se atrevía a formular una acusación directa contra el gran duque, al fin el hermano del rey, el valeroso caudillo, el veterano...

—¡Solo mi tío... o la Reina! —prosiguió Felipe sonriendo, para animar a su interlocutor.

—¡La Reina es una señora cristiana! —contestó lacónicamente Nakusi.

—Entonces...

—Guárdese bien Vuestra Alteza, señor —repitió el sobrino de Moldau—. Los grandes tienen la desgracia de que a veces les sirven..., hasta el crimen, aunque ellos no exijan tal servicio. El duque Aurelio de cierto no ordenará una infamia, pero Nordis es capaz de adelantarse hasta el pensamiento... Guárdese bien Vuestra Alteza —insistió con empeño, cruzando las manos.

XI. Más recelos

De las virtudes requeridas para el papel que iba a desempeñar, tenía Felipe, en grado más eminente, el valor; y, sin embargo, las indicaciones de Nakusi le hicieron sentir ese primer escalofrío inevitable, que causa hasta en el hombre más entero el peligro vago y sin forma, imposible de prever, y, por consiguiente, de evitar. La impresión fue rápida; la duración del escalofrío, corta y sin influencia depresiva. Con un desdén que tenía líneas de belleza olímpica y majestuosa, Felipe resolvió conjurar el fantasma del miedo, que se alza sangriento y lívido ante las testas coronadas. Para contribuir a disipar esa preocupación de un orden inferior, aunque tan humano, tenía Felipe otra muy honda y persistente: Rosario y su suerte. A medida que se acercaba el día de romper aquel lazo, más apretado de lo que sospechaba él mismo, el alma de Felipe se sentía invadida de sorda angustia, parecida al remordimiento. La desdicha del hombre moderno, es ser a la vez egoísta y sensible; lo bastante egoísta para ceder a sus pasiones, lo bastante sensible para sufrir al presenciar el estrago causado por ellas en el ajeno destino. Por ser interior y cuidadosamente oculta, la lucha de Felipe no era menos violenta, ni menor su desasosiego. A decir verdad, no puede llamarse lucha aquel estado especialísimo: existe lucha propiamente dicha, cuando la voluntad fluctúa entre dos soluciones; y Felipe no fluctuaba: comprendía —en esos momentos de lucidez que acompañan a las crisis supremas— que estaba resuelto; que lo había estado desde el día y hora en que los enviados de Dacia llamaron a su puerta y le saludaron con el nombre de rey... Todos sus actos, a partir de aquel instante, habían sido inspirados y dictados por la volición —inconsciente al principio, y hasta envuelta en repugnancias y negativas semejantes a las de la mujer que rehúsa el amor deseándolo en secreto con todas las fuerzas de su alma— al fin explícita, desbordada como torrente que lo arrebata todo. No fluctuaba, pero sufría, y tal vez sufría más al reconocer que no fluctuaba siquiera; que la conciencia de su divina felicidad al lado de Rosario, no era suficiente para quitarle el afán de correr a otra vida cuyos riesgos y amarguras presentía. Y no fluctuaba, a pesar de ver con intuición clara y aguda que lo que dejaba atrás, lo que solo había disfrutado poco tiempo, era la bienaventuranza, y lo que buscaba, algo incierto y triste, cuyo peso de antemano sentía sobre los hombros, cuyo azoramiento ya le hacía latir de inquietud las sienes y el corazón.

La consecuencia fatal de estados del alma semejantes al de Felipe, es que impulsan a la resolución inmediata, la cual, solo por ser resolución, tiene la virtud de sosegar, siquiera un momento, el espíritu. «El mal paso andarlo pronto», dicen para sí todos los que se ven en casos análogos: el condenado a muerte, que ansía llegar cuanto antes al lugar del suplicio; el enfermo, que desea la cruenta operación, el hierro registrando sus entrañas; la mujer encinta, que, con vértigo indefinible, espía la llegada del primer dolor. Felipe, más hondamente afectado de lo que creía él mismo, revelaba este anhelo en una de sus conversaciones íntimas con Miraya —porque la rectitud y lealtad de Nakusi, su otro confidente adictísimo, le hubiese estorbado un poco para descubrir sentimientos complejos, nada francos ni nobles, y en que entraba algo que un espíritu caballeresco reprobaría tal vez en voz alta, o en voz baja, que aún sería peor...

—Comprendo —dijo al periodista Felipe— que es insostenible nuestra situación, y quisiera terminarla en un sentido o en otro. He detestado siempre las posiciones falsas, y me parece la mía tan anómala...

—La señorita Rosario —respondió Miraya, envalentonado por la confidencia y atreviéndose a pronunciar un nombre que rara vez resonaba en aquellos diálogos del príncipe y el consejero— no ha podido presentarse mejor, y la causa de Dacia no tiene amiga más sincera. Comprenderá, pues, a maravilla el estado de las cosas, y ella misma incitará a Vuestra Alteza a adoptar una medida... que... efectivamente... ya reviste carácter de urgentísima.

Felipe María guardó silencio un instante, pero sus ojos, oscurecidos y dilatados, interrogaban.

—Sé lo que digo, señor... —insistió eficazmente Miraya—. Noticias tengo, y frescas: de esta mañana misma. Los astros parece que se han puesto en conjunción para favorecer a Vuestra Alteza. A la adhesión del duque Aurelio... que, la verdad, me había parecido sospechosa... tenemos que sumar otra... más sorprendente, mucho más, y de una importancia tan extraordinaria, que apenas me atrevería a darle crédito, si no viniese la nueva por conducto bien fidedigno... ¡La Reina, señor! La misma Reina transige ya con la candidatura de Vuestra Alteza, y no se opone a que antes de... de los últimos momentos del rey... sea vuestra Alteza reconocido oficialmente!

—¡La Reina! —repitió asombrado Felipe.

—¡La Reina! A decir verdad, ya teníamos barruntos de esta gran victoria, la victoria decisiva y capital. Ha andado aquí la mano de un apóstol, de un misionero y de un santo: el arzobispo de Vlasta. Hemos tenido la suerte de tropezar con una señora piadosa, y apelando a su conciencia...

Mientras Felipe, nervioso, se levantaba y, midiendo a pasos agitados el aposento, echaba bocanadas de humo de cigarro, Miraya continuó, irritando su deseo y exaltándolo hasta el paroxismo.

—El arzobispo de Vlasta ha conseguido el triunfo y ya la Reina no tiene más que un baluarte donde se parapeta: ¡la... situación de Vuestra Alteza, que también el prelado considera escandalosa! El día en que Vuestra Alteza dé el ejemplo de una separación... que tranquilice las conciencias... la Reina dará a su vez el de sacrificarse por la paz y por la gloria del reino de Dacia... y estará dispuesta a besar en la frente al príncipe heredero... y a... a llamarse su madre. ¡Su madre! ¡Así, así, como suena!

—Sebasti —declaró Felipe deteniéndose y frunciendo el ceño—; aquí estamos solos y hablamos como hombres. Nada me importan los escrúpulos y las aprensiones de la Reina y del Arzobispo, y si le dijese a usted otra cosa, usted no lo creería... Pero ya, en el caso en que me encuentro, una determinación se impone. Busquemos medio de que lo inevitable resulte menos doloroso.

—De eso se trata —aprobó el periodista respirando a gusto al desembarazarse de lo que él allá por dentro llamaba tiquis miquis de la conciencia—. En primer lugar es preciso que la señorita Rosario no carezca de recursos jamás.

—Toda mi fortuna personal será suya por donación —contestó precipitadamente Felipe.

—¡Es naturalísimo! Aunque algo mermada la hacienda de Vuestra alteza, basta para que una señora viva con holgura y comodidad.

—He pensado, además —prosiguió Felipe—, arrendar la Ercolani por dos o tres años, a fin de que Rosario permanezca aquí...

—¡Magnífico! La Ercolani es un retiro digno de una elevada dama... Pero, si bien todo eso es muy conveniente y necesario y deja a Vuestra Ateza en el lugar en que no podía menos de quedar siempre, lo creo de... de secundaria importancia al lado de... otras cosas que... en el momento presente... que ya.

—¡Sí, sí, entiendo! —murmuró Felipe, reprimiéndose y pasando sin querer la mano por la sien, donde un ligero sudor rezumaba.

—¡Vuestra Alteza adivina! Es de la mayor urgencia, es cuestión de días ya. Aparte de que la Reina está pendiente de las resoluciones de Vuestra Alteza, hay un motivo para que se precipiten los sucesos. La familia de Albania llega a Mónaco a fines de la semana... Es decir, el príncipe no llega: vienen solamente la princesa, con la heredera Dorotea Electa —Electa de Dios, según la llaman en Dacia...— y con la hermanita menor Clementina Margarita, que es un ángel. No es posible que Vuestra Alteza les haga la visita que esperan, sin que antes...

Hubo otro momento de silencio. En ocasiones análogas, Felipe, convencido y subyugado, acostumbraba, sin embargo, no acceder de buenas a primeras. Era una manera de salvar su dignidad.

—Se pensará en eso, Sebasti —dijo al fin—. Lo que necesitamos —añadió agarrándose, como suele hacerse en tales momentos, a una insignificante circunstancia que disimulase más graves cavilaciones— es un cochero que sepa su obligación. Echo de menos a Esteban, y no me determino a enganchar uno de los troncos buenos, porque prefiero que se estén en la cuadra a meterles en manos pecadoras. Y si llega el caso de hacer alguna visita... de cumplido... de ceremonia... no he de presentarme con las jaquillas de diario. Además, esos animales se están resabiando. El tronco flor de romero es una pareja de fieras. Anoche quisieron soltarse, morderse, pelearse, y armaron un estrépito infernal.

—He previsto el caso —respondió Miraya, demostrando cortesana solicitud—. He encargado a Mónaco un cochero como debe ser el de Vuestra Alteza, y ya me han hablado de uno excelente —y dacio, por más señas, pero que lleva cinco años sirviendo en París—. Solo que quiero informarme mejor. Todo cuidado es poco tratándose de la servidumbre de un príncipe que tiene enemigos...

—¡Enemigos! Nakusi es también un medroso como usted —dijo serenamente Felipe, que ya se había rehecho y cultivaba la estética de los reyes, el desdén del peligro.

—Conviene avisparse —respondió meditabundo Miraya—. Hay moros en la costa, y he visto revolotear pájaros de mal agüero... La transacción del duque Aurelio no me pasa a mí de aquí —y Miraya se llevó a la garganta las manos—. Se me figura que me daba menos aprensión cuando nos hacía la guerra sin rebozo... Temo a los griegos hasta en sus dádivas... Nuestro insigne Stereadi ha querido imponerme sus convicciones optimistas, pero, no lo puedo remediar, del gavilán no se fían a dos por tres las palomas... ¿Qué hacen en Mónaco ciertos personajes? Es particular que nos hayan cobrado tanto cariño, que nos sigan a donde quiera que vayamos. Yo ruego a Vuestra Alteza que, por si acaso, no salga solo nunca y, sobre todo, que evite a los espadachines de la casta de ese Prunkay, que andan siempre buscando quimera. No he olvidado la estocada de Viodal: aquello fue un aviso. El día en que Vuestra Alteza haya asegurado, por un legítimo matrimonio, la sucesión al trono, se me quitará el miedo. De rodillas le ruego a Vuestra Alteza que piense en todo lo que le digo... Asegurar la sucesión... Ese es su deber y su interés...

—Bien: Miraya... Yo sé lo que debo hacer —contestó regiamente Felipe.

XII. Emigra la golondrina

Como una fatalidad, impúsose a Felipe la precisión de dejar cuanto antes la Ercolani, de desatar el nudo de la convivencia. Y, al advertir en sí este impulso que parecía —como dirían los antiguos— obra de un numen, Felipe notaba a la vez una especie de ardor triste y malsano por la mujer a quien se disponía a abandonar. Si los arrebatados transportes, si ciertas vehemencias furiosas probasen algo más que la eterna contradicción que reside en el corazón del hombre, Rosario pudo creer, en aquellas últimas horas, que había reaparecido, llena y radiante, la Luna de miel. Renováronse los paseos al bosque después de almorzar; a las horas de la siesta, el templete y el bosquecillo acogieron otra vez el grupo inseparable de los primeros días, y de noche, la falúa recibió en sus pilas de almohadones el cuerpo del enamorado, rendido al peso de la felicidad y recostando la cabeza para soñar plácidas visiones, que se alzan de las olas, surcadas dulcemente por la embarcación, y heridas por el candencioso batir del reino. Buscaba Felipe, en aquella embriaguez, una tregua, un instante de olvido, y con la avidez del que apura las postreras gotas del bebedizo, alzaba la copa de oro antes de dejarla rodar al fondo de las olas, como el rey de la balada —otro rey, que también sufría.

Rosario se prestaba al juego. Acaso quería, a su vez, aturdirse para no sentir el dolor. Quizás, en su aquiescencia, en su complicidad, se ocultase la terca esperanza, que nunca muere en los corazones verdaderamente apasionados: o quizás fuese aquella una peregrina forma de su constante abnegación.

Seguro ya de su victoria, Miraya, con la habilidad diplomática de siempre, dejaba el campo libre: respetaba el epílogo. Como en Mónaco echasen de menos a Felipe María sus amigos y partidarios, el periodista se encargó de explicar el hecho del modo más grato a los acérrimos felipistas: era que el príncipe, llegado el momento de dejar definitivamente la Ercolani y de instalarse en Mónaco para cortejar a la princesa de Albania, necesitaba arreglar mil asuntos, y estaba consagrado a ese trabajo enojoso, pero indispensable. Cundía la noticia: el príncipe se prestaba ya a todos los deseos de sus leales súbditos; renunciaba a las aspiraciones de su corazón, borraba de un solo rasgo su pasado borrascoso —pasado que, por otra parte, contribuía a darle cierta aureola poética—, y se hacía, por el sacrificio de su amor, digno de la gratitud de la patria. Animoso y firme, no vacilaba: Dacia ante todo. Y los hombres serios y las damas delicadas y pudorosas le aplaudían, le compadecían, le querían más por sus desafíos, sus aventuras, sus pasiones, sus luchas morales.

Atento a que ni el menor detalle pudiese comprometer el resultado de campaña tan felizmente emprendida, Miraya no dejaba cabos sin atar. Había ajustado, en el mejor hotel de Mónaco, un departamento digno del príncipe heredero de Dacia, y buscado cuadras y cocheras donde cupiesen los trenes que debían trasladarse de la Ercolani, preparando así a Felipe instalación propia de su elevada categoría. Ya figuraba entre el servicio el cochero que debía reemplazar a Esteban: era un lacio montañés, de esos que han nacido a caballo; especie de centauro cuyo instinto atávico, perfeccionado por la enseñanza, puede hacer maravillas; y maravillas había hecho en Alejo —así se llamaba el nuevo auriga— la residencia en París y Londres, el continuo roce con caballistas, aficionados y chalanes. Su rostro atezado, duro y enjuto, revelaba vigor y resolución, y no había sino verle asir las riendas para conocer que subyugaría al potro más indómito. Al observar una cicatriz qua partiendo de la sien, llegaba a la comisura de la rasurada boca de Alejo, Miraya hubo de preguntarle si había estado en la guerra, pues aquella señal delataba el filo de un arma corva, de las que usan los orientales; pero Alejo negó que hubiese servido jamás, si bien confesó una lucha cuerpo a cuerpo con cierto dálmata, que le había cruzado con su sable.

Y mientras Sebasti Miraya ejercía las funciones de aposentador e intendente, ¿qué hacía Gregorio Yalomitsa; cuál era el papel del bohemio en la Ercolani? Un triste papel: el del que no cesa de rabiar por dentro. No solo no cruzaba palabra con Felipe María; no solo guardaba en la mesa un silencio de niño encaprichado, sino que, cuando le era imposible no referirse al dueño de la casa, afectaba llamarle con insistencia «Flaviani ». El apellido Leonato no existía para él. De vez en cuando, en la conversación general, enjaretaba una mortificante alusión a la bailarina, a sus desventuras, a las injusticias cometidas con ella —a todo lo que era diplomático no mentar—; estos alfilerazos apuraban la paciencia de Felipe, y en Miraya determinaban arrechuchos y desplantes de grosería. Finalmente, tanto extremó la oposición el bohemio, que un día Miraya, llamándole aparte, le significó que en aquella casa no había puesto para él, y que si tenía delicadeza, se iría inmediatamente. Nada contestó Yalomitsa; encogiose de hombros con el más profundo desprecio, y media hora después prevaliéndose de sus hábitos de familiaridad, entraba en el gabinete de Felipe y se arrellanaba en el canapé.

—Vengo a decirte adiós, Lipe —exclamó chupando su pipa y echando las piernas por cima de los almohadones—. No es por que ese emborronador criado tuyo me haya despedido, ¡quia!, es que hace tiempo deseaba yo quitarme de en medio más que a prisa. Me repugnas, me das náuseas, y no tengo por qué aguantar el asco, cuando puedo en otra parte, pidiendo limosna con mi violín, conservar sano el estómago. Pero desde luego te anuncio que volveré aquí; volveré... así que tú hayas vuelto también las espaldas, desamparando a esa mujer que por ti se ha perdido, y a quien no mereces, ¡necio! Cuando tú la abandones, ¡Yalomitsa la protegerá! Y ahora, abur; hasta nunca.

Alzó las cejas Felipe, con más impaciencia que cólera.

—Ya veo que no me tomas por lo serio —prosiguió el bohemio, después de sacar una densa y apestosa bocanada de humo—. Haces mal, Lipe, haces muy mal. ¡Creo que finges! Si yo te dijese que me voy como si tal cosa, también fingiría. Las raíces del cariño no se arrancan así. He sido amigo de tu pobre madre, de quien has renegado: me he sentado muchos años a su mesa, y todavía creo paladear su vino, y comer su pan. Esto no se olvida. Te he visto en la cuna, te he tenido a caballo en esta rodilla horas y horas, me has tirado del pelo, me has arañado con tus manitas; y dejar de quererte me es imposible, como me es imposible dejar de ser artista. Pero desde el día que te embrujaron... moriste para mí. Bebiste el filtro, pisaste la mandrágora, y perdiste la razón. No te rías, no, que ya sé que esa misa no te sale del alma. Si estás pensando que aquí hay un loco y que ese loco es Yalomitsa, mira, Lipe, mira que te engañas; no hay más loco que tú. Me das lástima... Por eso no la emprendo contigo a palos.

—Gregor —murmuró Felipe—, afortunadamente te conozco y te tomo según eres. A hacerte caso... Miraya te habrá dicho cualquier aspereza. No te ofendas; ya sabes que donde yo esté habrá sitio para ti. No creas que he olvidado a mi madre... —y al decir esto, la voz de Felipe se veló algún tanto.

Aquella nota de sensibilidad encontró eco inmediatamente en el corazón del bohemio, que exclamó temblando de esperanza:

—Felipe, tú no eres de piedra. Aún estás a tiempo. Compadécete de Rosario... ¡y compadécete, sobre todo, de tu hijo!

Saltó Felipe en la silla, clavando sus ojos espantados en la cara cobriza del bohemio.

—¡No te entiendo! —murmuró—. ¿Qué dices?

—¿Qué digo? La verdad.

—¡Te equivocas, Gregor...! ¡Rosario... me hubiese... enterado a mí!

—O no. El alma que te falta a ti, le sobra a Rosario. No ha querido sujetarte. Te deja a tu albedrío. ¡Ella vale cien veces más que tú!

—Pero... ¿te hizo confianzas?

—Ninguna. ¿Para qué? ¿Soy yo ciego? Tú estas persuadido de que Gregor es un pobre jilguero; un violín que ríe y que llora... Gregor lee en el presente y en el porvenir.

Felipe permanecía clavado en la silla, atónito, abrumado por el peso de la noticia tremenda.

—Antes de marchar quise decírtelo, para que conste que lo sabías... No podrás alegar ignorancia. La verdad: estoy por creer que no lo sabías realmente. Es imposible que las brujas de Macbeth, al saludarte rey, te hayan arrancado el corazón y te hayan puesto en su lugar un guijarro. Felipe, aún puedes romper el maleficio... Aún puedes volver por ti, por tu honra; aún puedes apaciguar a la sombra de tu madre... ¿No se te ha aparecido?

Al hablar así, el bohemio avanzaba sobre Felipe, agarrándole del brazo con mano convulsa, y quemándole el rostro con su hálito febril. Sus pupilas negras fascinaban y ondulaba encrespada y electrizada su melena serpentina. Felipe retrocedió; no era la primera vez que le estremecía ver de cerca al bohemio irritado, agorero y feroz.

—Oye —dijo este con una especie de extravío—, ya sabes que también soy algo brujo. No es la primera vez, ni la segunda, que sueño que oigo una conversación, y a los pocos días la oigo en efecto, con sus mismas palabras y hasta con los gestos que dormido vi hacer a los interlocutores. Tú estás seguro de que no miento. Pues por la sepultura de tu madre te juro, Lipe... que he soñado cosas horribles para ti; cosas que hasta me falta valor para explicarlas. Te he visto tendido, boca arriba, al Sol... y las moscas revoloteaban sobre tu cara y se posaban en tus ojos.

Con trágico ademán, Yalomitsa hundió los dedos en la cabellera y se la mesó, como el que ve efectivamente un horrendo espectáculo. Un gemido ronco brotó de su garganta, y salió corriendo de la habitación, donde quedaba petrificado Felipe.

A la hora del almuerzo, buscaron en vano a Yalomitsa. Se Había marchado a pie, con un hatillo al hombro y el violín debajo del brazo, por el camino polvoriento, y ya debía de estar muy lejos de la Ercolani.

XIII. Último paso

Conviene hacer justicia a Felipe: la cosa en que menos pensó, fue la siniestra predicción del bohemio. Le hizo el caso que haría al chillido lúgubre del ave nocturna, o al ronco desvariar de enfermo delirante; al cuarto de hora ni se acordaba de ella. Otra idea llenaba su espíritu; otras palabras repercutían sin tregua en su mente. «¡Tu hijo!» había dicho aquel insensato... ¿Sería verdad? La hipótesis tan solo bastaba para dictar a Felipe su línea de conducta... No era dable titubear: el deber se presentaba claro y categórico... ¡No habérsele ocurrido antes que podía suceder aquello! Contingencia tan natural echaba por tierra las combinaciones de la política y las imposiciones de la historia...

Miraya salió en el cestito, con orden de recoger al loco de Yalomitsa si conseguía darle alcance, y se hallaron solos Rosario y Felipe, sentados en el sitio predilecto, el templete desde cuyos intercolumnios se veían el golfo y las gentiles escotaduras de la playa. La tarde, calurosa y luminosa, declinaba ya, cuando Felipe se decidió a interpelar a su amiga, del modo más confidencial y tierno.

—No hay nada de eso, nada absolutamente —respondió impávida la chilena, que, sin duda, esperaba la interpelación, y hablaba en voz firme, clara y bien modulada.

—Rosario —dijo Felipe con ahínco y fuerza cariñosa—; piensa lo que respondes, porque de este momento depende nuestro porvenir. He contraído contigo una deuda...

—Nada me debes, Felipe del alma —murmuró ella, poniendo en tensión la voluntad para contener la pasión que quería romper desatada por los labios—. Nada me debes. Con tu país, con tu nación, sí que tienes deudas de honra, y esas es preciso que las pagues... cueste lo que cueste, y sea como sea.

—Escucha Rosario... —Y Felipe la cogió de las manos; caricia que ella rehuyó sin esquivez, sonriendo; porque su valor, ejercitado ya por la resignación, dispuesto y guardado como un tesoro, acudía entero a fortalecerla en aquella hora de prueba—. Escucha, Rosario... nena mía, oye, no te apartes. No sé lo que tú pensarás de mí allá en tus adentros; pero reconocerás que, lo mismo en el banco del jardín de París que ahora en este templete, donde hemos pasado momentos tan celestiales... yo te he ofrecido siempre... ser tu marido, serlo, gozoso, satisfecho, cuando quieras. No debes dudar de mi palabra... ¡pero si dudases, mañana mismo, ahora, dentro de media hora...!

—No dudo, Felipe —declaró Rosario sin perder su calma heroica—. Has estado y estás pronto a casarte conmigo; tengo que agradecértelo, y te lo agradezco. ¡Tanto te lo agradezco, tanto... que no acepto, ni aceptaré jamás! Lo repito, lo repetiré mil veces: ¡jamás, aunque se hunda el firmamento!

—¡Jamás! ¡Ah, Rosario... no son iguales todos los días ni todas las circunstancias, y el que dice «jamás» podrá tener que borrar la palabra en el aire con su aliento!... ¿Estás hoy tan tranquila al decir ese jamás, como estabas ayer, en que te comprometías... tú, tú sola?

Enmudeció la chilena algún tiempo, y sus pupilas vastas y aterciopeladas expresaron, del modo misterioso que expresa las emociones la pupila humana, una melancolía insondable, sin esperanza ni consuelo. Eran los ojos meridionales de Rosario tan habladores y tan cantores, poseían tal magnetismo, tal irradiación de sentimientos, que, sin alterarse ni moverse el resto de las facciones, ellos solos bastaban para revelar plenamente cuanto pasaba por el espíritu de su dueña. En aquel momento decían, con magnánima serenidad: «Me ofreces lo que sabes que no he de admitir. Tú me conoces... y conociéndome, entiendes bien lo que tengo dispuesto».

—¿No quieres? ¿No me quieres por tu maridito? ¿Qué, me desairas también ahora? —añadió Felipe, con la zalamería involuntariamente felina de que sabía revestir sus halagos, y que determinaba en Rosario la reacción de la ternura y como consecuencia, la de la abnegación generosa.

—Ahora lo mismo que antes —pronunció la chilena con lentitud y énfasis—. No ha cambiado la situación ni tanto así. Es decir: ha cambiado. Antes tú no habías contraído compromisos con una nación que lo espera todo de ti... antes no habías aceptado públicamente la sucesión de la corona de Dacia. ¡Podías volverte atrás... aunque no debías! En este mundo todos tenemos obligaciones que cumplir, deberes que llenar sin cobardía... Unos son agradables y otros crueles... ¡Y tan crueles!... Tú deber consiste en reinar... El mío, en no estorbártelo... ¡al contrario! No creas que procedo así por humildad... Es por orgullo. ¡Como que soy más soberbia que don Rodrigo en la horca...! ¡Española al fin, de origen..., y a una española nadie la humilla!... ¿entiendes? Ve a tu destino, Lipe... y no te digo que te acuerdes de mí... ¡porque ya sé que acordar has de acordarte!

El tono de Rosario era decisivo. Transpiraba en él la energía de la resolución irrevocable, y, en efecto, una especie de orgullo exaltado, la arrogancia de la mujer hermosa y grande, de la mujer de precio, tesoro en cuerpo y alma, que no quiere arrostrar desdenes, y prefiere arrancar con sus propias manos valerosas la raíz ya oscilante del amor. Este sentimiento, quizás menos noble que otros en que Rosario se inspiraba, pero femenil y natural, provocó en Felipe un arranque de egoísmo feroz, una racha de bárbaros celos prematuros; y anudando los brazos al cuello de Rosario, boca contra boca, balbuceó sin saber lo que decía, descubriendo el alma:

—Si has de ser para otro, prefiero quedarme y echar a rodar de un puntapié la corona.

Un dolor agudo atravesó el corazón de la chilena: solo en aquel momento vio patente la diferencia entre la índole de su cariño y la del de Felipe. Solo en aquel momento lloró sin lágrimas, con una de esas efusiones interiores de llanto que son mortales como las hemorragias internas, el tremendo sacrificio consumado, la honra perdida, la ofensa a Dios, la existencia colmada de afrenta y duelo que la esperaba a ella y —¡castigo horrible!— al ser que llevaba en su vientre. «Acepta, cásate con Felipe, no merece tu sacrificio»; murmuró allá en el alma de Rosario una voz burlona y tentadora... Pero la chilena se hizo fuerte otra vez; esgrimió su bien templada voluntad... y desasiéndose blandamente, dijo sin jactancia, como quien se ofrece a realizar el acto más sencillo del mundo:

—Ve tranquilo. Me considero y me consideraré siempre tuya. No hay para mí porvenir. Mi historia se cierra el día en que tú salgas de aquí, hacia Mónaco... a pretender... a tu futura, a la Electa.

Felipe se sintió abrumado, aplastado, lleno de confusión. Deseaba sinceramente que Rosario le sujetase y le compeliese a deshacer toda la labor de los últimos meses y de los últimos días. En aquel instante señalado y postrero, conocía las dulzuras victoriosas de la dicha gozada en el paraíso de la Ercolani, y sus labios tenían sed afín, y el licor no se había agotado, ni siquiera se columbraba, al través de su rojo rubí, el fondo de la copa. El presente se revestía ya de la poesía embriagadora del pasado, de lo que no ha de volver nunca... Y el enigma de aquel seno de mujer, que encerraba la clave de la vida al encerrar quizás la continuación de la raza, acrecentaba el afán de Felipe, atado, enlazado su corazón al de Rosario por mil hilos de piedad, de codicia de los sentidos y de anhelos del corazón.

—¡Haces muy mal en no decirme... todo! —murmuró—. Estamos a tiempo. Luego que yo salga de aquí... no podrá repararse el daño. ¡Sé franca! ¡No mientas! ¿Es cierto que tú...?

Y una ojeada y un movimiento significativo completaron la pregunta.

—¡No y no! —insistió Rosario en voz casi dura—. ¡Manías de Gregorio! No existen tales novedades sino en su imaginación. No me preguntes otra vez, porque me haces daño y me enojas. Si en algo me estimas, sigue tu suerte, cumple tu deber. Quien nace al pie del trono, Felipe, no es como los demás hombres: ni puede regirse por la ley general, ni tiene derecho para arreglarse la vida a gusto, olvidando los intereses que representa. Cuando... entré en tu casa... ¡bien sabía todo esto! Y solo entré... para que tú no lo echases en olvido. Otra mujer aspiraría a perderte: yo me propuse salvarte. Tu encumbramiento es obra mía, Lipe... Tengo esta pretensión. En cambio del bien que te hago, te pido un favor: que no te detengas... que te vayas cuanto antes. Los dos sufrimos mucho en este período... así... de incerti-dumbre, que para nadie es bueno. Un momento de valor... cerrar los ojos... y después, la conciencia en paz... Ánimo, Lipe... ¡Todo es el primer instante!

—¿Lo crees tú?... —interrogó Felipe, abrumado por una fatiga repentina, que atribuía a la pena de separarse de aquella incomparable mujer—. ¿Lo crees tú? ¿Y quién te lo asegura, vamos a ver? ¿Qué sabes si creyendo enviarme a la gloria y al triunfo... me envías...?

No prosiguió, pero ya Rosario suponía haber adivinado. Hay un punto en que jamás se equivoca la mujer si ha vivido algún tiempo en intimidad con un hombre: Rosario conocía los quilates del valor de Felipe María, y no imaginó siquiera que aludiese a ningún riesgo positivo. Rosario había oído hablar de presentimientos, de extrañas corazonadas que nadie sabe de dónde vienen; pero más tarde, cuando recordó, entre accesos de desespe-ración, aquella conversación y otras de los últimos días de su convivencia con Felipe, tuvo que reconocer que el corazón que menos avisa, el corazón menos zahorí, es quizás el más amante... ¿Cómo pudo ella, la apasionada, la instintiva, responder a la vaga indicación de Felipe estas palabras que los acontecimientos hicieron terribles cual una sentencia?

—Te envío a tu lugar en el mundo. Ya es tarde para que desertes. Si no querías, no debiste ir al Casino, ni recibir aquella ovación, ni fomentar aquellas ilusiones. No se juega con esta clase de cosas, Lipe; y si hoy retrocedieses en el camino emprendido, serías la ignominia de tu estirpe... No he de permitirlo. No se dirá que a tal vergüenza contribuyó Rosario.

—Quizás... —exclamó Felipe, más indeciso cuanto más decidida se mostraba ella— quizás, sin querer, hagas mi desgracia al rechazarme de tu lado. Voy a hablarte como se habla a Dios, nena, Rosario mía; desde hace unas horas, desde que se ha marchado Gregorio, no sé por qué... ya comprenderás que no es porque las frases ni las acciones de ese desequilibrado me hagan fuerza... pero en fin... ¡acaso expresen algo que yo, sin saberlo, también sentía! Mira... desde esa escena, parece que veo de otra manera la vida que me aguarda.

—Eres voluble, Felipe —murmuró la chilena— y no puedes serlo; ¡tú menos que nadie!

—No es volubilidad. Es... no sé qué; ¿cómo explicarlo, si yo mismo no lo entiendo? Es una especie de sombra rara, que me quita el sentido. Si fuese supersticioso, superstición le llamaría. Pero, ¿a qué tomarnos el trabajo de buscarle nombres? Debe de ser lo más natural: la dificultad de dejarte. Me creí armado de mayor valor del que tengo. ¡Hemos sido aquí tan dichosos, Rosario! Lo que me espera, ¿valdrá lo que abandono? No lo creo; no cabe en lo humano. Conozco que tienes razón, que es tarde; estoy ya en tal caso, que no me es lícito retroceder... Pero se me han caído las alas. ¡Dame ánimos tú, Rosario!

Un movimiento de protesta, casi de indignación, encrespó el noble espíritu de la chilena. Estuvo a punto de perder la paciencia, o, mejor dicho, la exterioridad paciente que conservaba a tanta costa. ¡Felipe pidiéndole a ella, a la víctima, fuerza, estímulo y consuelo! Pero fijó la mirada en el rostro descolorido de su amante, y su cólera se abatió como la espuma del mar al cubrirla una ola de aceite. Felipe estaba verdaderamente triste; sus ojos, en vez de exhalar los reflejos de otras veces, se cerraban mortecinos; sus labios, ligeramente temblorosos, exhalaban un suspiro hondo que parecía queja tímida y humilde. La enamorada abrió los brazos, y Felipe María cayó en ellos, silencioso, inerte, sin expresar su pena más que con la violenta presión de sus dedos convulsivos, hincados en los hombros de Rosario. Y así permanecieron más de una hora, traspasados, no sabiendo qué decirse. Los dos comprendían que aquello era despedida —verdadera despedida— para siempre.

XIV. Dunsinania

Tres o cuatro días hacía que Miraya, alojado en Mónaco, en el hotel donde estaban preparadas las habitaciones de su Alteza Real Felipe María de Leonato, esperaba la llegada de este, anunciada todas las mañanas por un lacónico billete, y suspendida por otro todas las tardes. El agente del ilustre hombre público Stereadi empezaba a darse al diablo. Aquellos retrasos no le hacían ni pizca de gracia, valga la verdad. ¡Sí, gracia! Hasta puede asegurarse que le desesperaban, que le sacaban de quicio. «Qué mala está de arrancar la muela», decía para sí. Y chasqueando la lengua contra el cielo de la boca, a estilo de inteligente que paladea un vino delicioso, añadía: «No es milagro. La chilenita vale un Perú. ¡Es tan gran mujer, una mujer de oro! Pero me parecía a mí que no había de ponernos dificultades; tenía yo barruntos de que cumpliría como buena hasta el fin. ¿Será que ahora, en el epílogo...?».

Discurría así Miraya, a tiempo que acababan de servirle una taza de café, en la terraza del hotel, y un camarero le presentaba, abierto, un cajón de escogidos puros: todo por cuenta del hospedaje del príncipe. Cuando se disponía, rumiando sus preocupaciones, a hacer fiesta a café y cigarros, oyó, a sus espaldas, la voz respetuosa del camarero... Que estaba allí el señor conde de Nakusi, que quería verle enseguida, y rogaba que pasase el señor al salón...

—¿Por qué no vendrá aquí? Otro maniático como su ínclito tío el duque —refunfuñó Miraya, rechazando con mal humor la taza llena—. Cualquier bobería: de fijo.

Apenas hubo entrado el periodista en el gran salón del hotel, y saludado a Nakusi, cambió de parecer: la agitación del conde, la precipitación con que se levantó de la butaca y corrió hacia él, lo entrecortado de su acento, le descubrieron que no se trataba de una nimiedad, de algún almuerzo o concierto, sino de cosa muy grave.

—¡Stt! Hablemos, pero bajito... Las paredes oyen en estos malditos hoteles! —exclamó Nakusi—. Ahora, ahora mismo, salimos para la Ercolani...

—¿Pero qué ocurre? —preguntó el periodista con ansia.

—Ocurren novedades gordas... ¡Quizá la vida del príncipe...! —tartamudeó Nakusi, que podía respirar apenas.

—¿Su vida? ¿Eh? ¿Cómo su vida?

Y Miraya se sentía palidecer y notaba que se le enfriaban las manos.

—Su vida... Escúcheme... He recibido una carta...

—¿De su tío de usted? —preguntó Miraya, reaccionando y con descortés ironía.

—No, de mi tío, no —contestó el joven oficial, frunciendo el entrecejo, y adoptando, a pesar de lo crítico del momento, tono de altanería involuntaria—. Del intendente de unas tierras mías, donde son colonos y pastores los padres de Esteban, el que fue cochero de Su Alteza hasta hace poco...

—¿Y eso, qué? —insistió Miraya.

—¡Paciencia! Mi intendente me pide justicia... Parece que el padre de Esteban apareció cadáver al pie de un muro...; y que a consecuencia de este suceso, la madre llamó a su hijo...; Esteban acudió...

—De mala gana, hay que decir la verdad, porque no quería separarse del príncipe... —advirtió Miraya, que empezaba a entrever confusamente algo extraño.

—De mala gana, en efecto... Pues bien; Esteban, según mis noticias, también ha sido muerto... a cuchilladas, en riña, en la feria... pero aquí está lo grave; mi intendente cree que el lance fue provocado, y que los tres o cuatro matones que se encargaron de despachar al infeliz cochero, eran conocidos en el país por agentes políticos de... de los enemigos de nuestra causa.

—¡Del duque Aurelio! —exclamó Miraya con ira.

—¡No! ¡Eso no puede decirse! ¡Eso no puede creerse! —protestó dolorosamente Nakusi—. El duque no había de ordenar ciertas cosas; ¡es un noble, es un militar, es un héroe!

—¡Tararí! —canturreó con impertinencia el periodista—. Bueno, quedamos en que no era el duque... pero lo cierto es que han escabechado a ese pobrecillo de Esteban... Y, ¿con qué objeto...? ¿Qué tiene que ver...?

Como Nakusi, torvo y crispado, callase, Miraya se golpeó la frente de súbito.

—¡Ah! ¡Adivino! ¡Para colocar otro cochero en casa del príncipe! El conde sacudió enérgicamente la cabeza, echando a Miraya una ojeada de arriba abajo, desdeñosa y mofadora; y, remachando el clavo, murmuró:

—Cochero que, por más señas, ha entrado en casa del príncipe a instigación y, por recomendación expresa del señor Sebasti Miraya. Sí, señor; los tontos podremos decir las tonterías; pero es axiomático que ustedes, los hombres de talento, son quienes las hacen. Solo por los ojos zainos que tiene y por aquella cicatriz, no admito yo a semejante cochero, dándole el puesto de confianza, entregándole la vida de Su Alteza.

—¡Traía tan buenos informes! —alegó Miraya, sobrecogido a pesar de su petulancia y aplomo.

—Informes de su destreza... que es consumada... pero no de su pasado, no de su historia, no de la cicatriz que le cruza el rostro... ¿No le ha dicho a usted ese bellaco que no había estado en la guerra nunca? Pues la hizo toda... ¡oiga usted bien!, ¡como espía! y le señalaron en la cara por infamarle, habiéndose librado de ser fusilado gracias a su coraje y a su audacia... En fin, no perdamos tiempo. Vamos los dos en persona, sin dilación, a la Ercolani y escoltemos al príncipe, como es nuestro deber y purguemos la casa de ese bandido. Yo no me había atrevido nunca a acercarme a la Ercolani... por... por respeto... y no solo respeto al príncipe... sino... a otra persona... ¡a una señora! Hoy, es distinto. Iré de cabeza... Venga usted, ya llega mi coche... ¿No tiene usted revólver? No estaría de más cogerlo...

Cuando Miraya se encaminaba a la puerta, diose de pronto una palmada en la frente.

—Es inútil ir, conde... El príncipe debe de estar llegando a Mónaco.

—¿Qué dice usted? —gritó Nakusi.

—El billete de ayer disponía que si hoy, por la mañana, no se recibía aviso en contra, a las cuatro de la tarde estaría aquí Su Alteza... Son las tres y minutos... Mientras vamos...

—¡No importa! ¡No importa! ¡Razón de más! Le encontraremos en el camino...

Y Nakusi bajó corriendo las escaleras, seguido de Miraya, que apenas tuvo tiempo de coger su sombrero, dejado encima de una silla. Mientras los dos suben al coche y el cochero arrea a los caballos, que salen, no al trote, sino al galope, otro carruaje, un fino faetón inglés de guiar, de dos ruedas, marcha en sentido contrario por el camino pintoresco que, desde la Ercolani y siguiendo el borde del mar, conduce a Mónaco. Felipe María, desde la misma puerta de la villa, ha entregado las riendas a Alejo, y este brega por igualar y contener a los dos magníficos y rebeldes potros color flor de romero —un pelo que, según opinión de los inteligentes, denuncia condición falsa y traidora, mientras los alazanes reúnen a la fogosidad la nobleza—. Fijándose solo en la estampa, el tronco flor de romero era lindísimo. Bajo la claridad del Sol, el pelaje de los dos hermosos brutos parecía de seda color rosa pálido, con visos y ondas de plata gris; y sus crines rutilantes, sus delicados remos, sus acopados cascos, sus formas mórbidas, de elegante curvatura, los hacían semejantes a los caballos del Sol, esculpidos en alto relieve por los artistas de la Hélade. Cualquiera que no tuviese el ánimo tan abrumado de preocupaciones como lo tenía en aquel instante Felipe, seguiría con interés la lucha entre el hábil cochero y el tronco, aquel día más que nunca inquieto, impaciente y hasta enfierecido ante el menor obstáculo, pronto a espantarse y encabritarse por todo lo que veía, fuese una piedra blanca, fuese un pescador que atravesaba el camino con sus redes al hombro.

Mas Felipe no atendía a los lances de esta batalla, que otras veces le entretenía mucho. Fijos los ojos en el mar, pero sin ver tampoco su azul planicie, sentía aún en el rostro las últimas caricias de Rosario, caricias que eran lágrimas, huella de fuego, húmeda sin embargo —húmeda y quemante. ¡Nunca más! El aire vivo, rápidamente cortado por la carrera de los caballos, secaba en el rostro del futuro monarca las postreras gotas del llanto del amor, y en su cerebro, ligero y casi vacío, sin ideas, como suele estarlo cuando los pulmones respiran activa y copiosamente, solo campeaba una percepción fuerte, poderosa, absoluta: «No puedo retroceder, no puedo cejar. Pertenezco a mi suerte. Vamos allá, suceda lo que suceda». Iba, sí, iba a su destino, derecho, con los ojos de la mente vendados, para no ver peligros ni dolores; con los oídos tapados, a fin de no escuchar quejas ni voces lastimeras, de las que al pronunciar un nombre reblandecen el corazón... Iba decidido, sabiendo de cierto que abandonaba la ventura, convencido de que no le era lícito disfrutarla desde que había sido saludado rey. Como hoja arrastrada por los remolinos del arroyo, su voluntad ya no conocía más dirección que la de corriente que le impulsaba lejos, lejos de allí, a donde quisiese la fortuna llevarle...

Dos o tres veces los caballos se alborotaron, quisieron desmandarse, y Alejo, sombrío y cejijunto, les fustigó las relucientes ancas, por las cuales corrían estremecimientos de cólera, que hacían rielar la sedosa piel. Si Felipe no fuese tan abstraído, notaría algo extraño en las maniobras del cochero: diríase que procuraba inquietar a los animales, con una provocación sorda y continua, de efecto seguro; y al par que los refrenaba duramente, a golpecitos reiterados, cada vez más fuertes, recalentándoles la sensible boca, toda bañada en espuma, y haciéndoles temblar a veces de dolor —los irritaba con el latigazo injusto, violento, sin causa. El caballo, animal tan capaz de experimentar influjos de simpatía, siente también con vehemencia la antipatía, la protesta, el ciego y desesperado arranque contra la tiranía de un amo. Dóciles, aunque nunca amaestrados, bajo las riendas de Esteban, los generosos potros se volvían esquivos, reacios y traidores bajo las de Alejo, que parecía gozarse en instigarles a la rebelión. Según adelantaban por el camino colgado sobre el arrecife, donde podía ser doblemente peligrosa cualquier defensa del tronco, Alejo, en vez de calmarles con las acciones suaves y conciliadoras de los cocheros prudentes, los excitaba más y más redoblando el castigo y las repentinas sofrenadas. En una huida terrible que dieron de pronto, viose el ligero tren tan al borde del cantil, que Felipe María, saliendo de su ensimismamiento, no pudo menos que exclamar, maquinalmente:

—¡Eh! Alejo, atención... Este sitio no es para bromas.

—No hay cuidado, señor... —respondió el cochero, mirando de soslayo a su amo y conteniendo diestramente al tronco, con movimiento que revelaba tan consumada pericia, que Felipe, tranquilizado, volvió a sepultarse en su absorta contemplación del porvenir. Lo que se desarrollaba ante su imaginación, el panorama de miles de figuras, que adivinaba soñando, no era el cansino cosido como una cinta a la azul faldamenta del mar, sombreado por los copados pinos de horizontal ramaje, y sobre el cual, algunas veces, blanca paloma, se suspendía una villita aislada y solitaria, parecida desde lejos a la Ercolani. Lo que Felipe María iba viendo interiormente eran las olas de la muchedumbre, alborozada y aclamadora; era la vía triunfal, entre gritos de entusiasmo y júbilo; era un palacio de altas techumbres, y, bajo un dosel de seda carmesí, un sillón dorado, rematando en garras leoninas, más elevado que los demás asientos... Y se veía a sí propio, sentado en aquel sillón, dominando a la multitud, mientras desfilaban ante él, inclinándose, militares de uniforme de gala, mujeres hermosas, descotadas, cubiertas de collares y pedrerías, con luengas colas de raso, orladas de armiño, que al deslizarse sobre la alfombra producían un crujido suave, como el que producen al ser arrancados los pétalos de la rosa...

Y eran tan vivas, tan insidiosas estas fantasmagorías, que Felipe María salió como de un sueño profundo al oír al cochero jurar sordamente y restallar la airada fusta, una vez más, sobre las grupas nacaradas de los lindos corceles, enroscándola después con silbido de culebra a su cuello redondo y salpicado de espuma; al advertir que corrían locos, con ese vértigo delirante del caballo que se desboca, y ni atiende ya al látigo ni a la voz, ni conoce otra ley más que su propio frenesí. Felipe entendió el peligro, y el espacio de un relámpago, un segundo, titubeó entre arrojarse al suelo o asir las riendas. Pero a nada tuvo tiempo. Con brusco impulso insensato, desarrollando sobrehumana fuerza y vigor, Alejo volteó hacia la izquierda el tronco, cual se voltea la manilla de un grifo, y mientras los dos caballos, empinados, sublimes de actitud, girando en el vacío y azotando el aire con los remos delanteros, relinchando de espanto, acababan por desplomarse acantilado abajo, cayendo a los peñascos y al mar desde una altura de quince metros, y arrastrando como una pluma el tren, Alejo se lanzaba de costado al camino, sobre el cual quedó boca abajo, desvanecido, aturdido con la violencia del golpe...

Volvió en sí al darle un puntapié Miraya, al triturarle la muñeca con sus dedos de hierro el conde de Nakusi.

—¿Y tu amo?

—¿Y el príncipe, ladrón, infame? ¿Qué has hecho del príncipe?...

Nakusi apoyaba el cañón del revólver en la frente del cochero. Pero este se incorporó poco a poco, les miró sin temor, de un modo fijo, siniestro, lleno de salvaje indiferencia, hasta que, en el dialecto de su provincia —que era la misma de Nakusi—, respondió fríamente, como quien sabe las consecuencias de sus acciones y no las rehuye.

—Allí... Allí ha caído.

El conde, desesperado, rugiendo, se inclinó sobre el precipicio... El cuerpo de Felipe María, retenido por los agudos escollos, no había llegado al mar; estaba debajo, a plomo; con la mano les parecía que podían tocar su destrozada cabeza.

Libros a la carta

A la carta es un servicio especializado para

empresas,

librerías,

bibliotecas,

editoriales

y centros de enseñanza;

y permite confeccionar libros que, por su formato y concepción, sirven a los propósitos más específicos de estas instituciones.

Las empresas nos encargan ediciones personalizadas para marketing editorial o para regalos institucionales. Y los interesados solicitan, a título personal, ediciones antiguas, o no disponibles en el mercado; y las acompañan con notas y comentarios críticos.

Las ediciones tienen como apoyo un libro de estilo con todo tipo de referencias sobre los criterios de tratamiento tipográfico aplicados a nuestros libros que puede ser consultado en Linkgua-ediciones.com.

Linkgua edita por encargo diferentes versiones de una misma obra con distintos tratamientos ortotipográficos (actualizaciones de carácter divulgativo de un clásico, o versiones estrictamente fieles a la edición original de referencia).

Este servicio de ediciones a la carta le permitirá, si usted se dedica a la enseñanza, tener una forma de hacer pública su interpretación de un texto y, sobre una versión digitalizada «base», usted podrá introducir interpretaciones del texto fuente. Es un tópico que los profesores denuncien en clase los desmanes de una edición, o vayan comentando errores de interpretación de un texto y esta es una solución útil a esa necesidad del mundo académico.

Asimismo publicamos de manera sistemática, en un mismo catálogo, tesis doctorales y actas de congresos académicos, que son distribuidas a través de nuestra Web.

El servicio de «Libros a la carta» funciona de dos formas.

1. Tenemos un fondo de libros digitalizados que usted puede personalizar en tiradas de al menos cinco ejemplares. Estas personalizaciones pueden ser de todo tipo: añadir notas de clase para uso de un grupo de estudiantes,

introducir logos corporativos para uso con fines de marketing empresarial, etc. etc.

2. Buscamos libros descatalogados de otras editoriales y los reeditamos en tiradas cortas a petición de un cliente.